守望者
The Catcher

阅读 你的生活

HOMO
NATURA

NIETZSCHE,
PHILOSOPHICAL
ANTHROPOLOGY
AND
BIOPOLITICS

自然人
尼采、哲学人类学
和生命政治学

【德】瓦娜莎·列孟　著
（Vanessa Lemm）

李仙飞　译

中国人民大学出版社
·北京·

厦门大学"双一流"重点学科"马克思主义理论"项目

教育部人文社会科学规划项目（20YJAZH058）

教育部哲学社会科学研究后期资助项目（20JHQ028）

国家社科基金后期资助项目（21FZXB005）

当人类是去动物化（entthierte）的动物时，

我们怎么能去思考去人性化（entmenschte）的人类呢？

（《尼采著作全集》9：2 [45]）

目　录

致　谢

谨以此书献给我的孩子们：露（Lou）、埃斯特班（Esteban）、 viii
阿莉兹（Alize）和塞巴斯蒂安（Sebastian）。他们是我生命中的至
爱和灵感的不竭泉源。特别感谢我的爱人米格尔·弗特（Miguel
Vatter），感谢他对本书的多个版本进行了批判性的评论。他们的
爱和支持使我在写作本书的整个过程乐在其中。

本书的部分内容已在许多会议和研讨会上发表。我特别感谢如
下几个重要学术会议的与会者提出的问题和反馈：2019 年 4 月 5—
6 日在法国巴黎索邦大学（Sorbonne-Université）召开的"尼采和
宗教"国际研讨会，2018 年 10 月 11—14 日在德国瑙姆堡尼采文献
档案中心（Nietzsche-Dokumentationszentrum Naumburg）召开的

尼采研究协会年会"历史与记忆"，2018 年 9 月 27—30 日在瑞士锡尔斯玛利亚（Sils Maria）召开的"真理与谎言"尼采专题学术研讨会，2018 年 9 月 20—21 日在英国纽卡斯尔大学弗里德里希·尼采学会（the Friedrich Nietzsche Society，Newcastle University）召开的年度国际会议"尼采与差异政治"，2017 年 7 月 12—14 日在德国埃尔福特大学（the University of Erfurt）召开的"尼采人类学"国际会议，特别感谢弗里茨蒂森基金会（Firitz-Thyssen-Foundation）的资助。第一章"康德主义、自然主义和哲学人类学"是

ix 《谁是尼采的自然人？〈善恶的彼岸〉第 230 节中的自我认知、刚正不阿与人类变形记》（"Who is Nietzsche's *Homo Natura*? Self-Knowledge，Probity and the Metamorphoses of the Human Being in *Beyond Good and Evil* 230"）［载于《国际哲学人类学年鉴》（*Internationales Jarhbuch für Philosophische Anthropologie*）2018 年第 33—49 页］的扩展版和进行了显著完善的修订版。第二章"超越人类中心主义的人文主义"是《弗里德里希·尼采论人类本性：在哲学人类学和动物研究之间》（"Friedrich Nietzsche on Human Nature：Between Philosophical Anthropology and Animal Studies"）［载于剑桥大学出版社 2018 年出版的由布莱恩·马苏米（Brian Massumi）和莫莉·汉德（Molly Hand）主编的"剑桥批判性概念系列"之一《文学研究中的动物与兽性》（*Animals and Animality in Literary Studies*）一书的第 197—214 页］的扩展版和进行了显著完善的修订版。第三章的早期版本"精神分析学和人类本性的解构"曾以《解构人类本性：路德维希·宾斯旺格论尼采与

弗洛伊德的自然人》（"Deconstructing Human Nature：Ludwig Binswanger on *Homo Natura* in Nietzsche and Freud"）为题刊载于伦敦布卢姆斯伯里出版社（Bloomsbury）2019 年出版的《尼采与反基督者：近代后期的宗教、政治与文化》（*Nietzsche and The Antichrist：Religion，Politics and Culture in Late Modernity*）一书的第 205—227 页。感谢德古意特出版社（De Gruyter）、剑桥大学出版社和布卢姆斯伯里出版社授意允许我在本书中使用相关材料。

缩略语表

对弗里德里希·尼采未出版的著作的援引，我采取了国际统一
的标准，尽可能地参照尼采的笔记和已出版的作品，并且尽可能地
采用最广泛地得到理解的版本，即乔尔乔·科利（Giorgio Colli）
和马齐诺·蒙提那里（Mazzino Montinari）等人编辑的考订研究版
《尼采著作全集》（KSA）。在引用 KSA 的情况下，参考文献提供了
卷号，然后是相关的片段号和尽可能确切的节（例如 KSA 10：12
［1］. 37，指的是第 10 卷第 12 段［1］第 37 节）。以下是引用尼采
著作时所采用的缩略语：

A：《敌基督者》（*The Antichrist*）

AOM：《各种意见和箴言》（*Assorted Opinions and Maxims*）

BGE：《善恶的彼岸》（*Beyond Good and Evil*）

BT：《悲剧的诞生》（*The Birth of Tragedy*）

CW：《瓦格纳事件》（*The Case of Wagner*）

D：《曙光》（*Daybreak/Dawn*）

EH：《瞧，这个人》（*Ecce Homo*）（章节缩写为"智慧"、"聪明"、"书籍"和"命运"；书中讨论的这些标题的缩写在相关的地方意指此书）

GM：《论道德的谱系》（*On the Genealogy of Morals*）

xi
GS：《快乐的科学》（*The Gay Science*）

HC：《荷马的竞赛》（*Homer's Contest*）

HH：《人性的，太人性的》（*Human，All Too Human*）

HL：《论历史对于人生的利与弊》（*On the Use and Disadvantages of History for Life*）

KSA：《尼采著作全集》（*Kritische Studienausgabe*）（对此书的引用采用的均是我自己的英译）

SE：《作为教育家的叔本华》（*Schopenhauer as Educator*）

TI：《偶像的黄昏》（*Twilight of the Idols*）（章节缩写为"箴言""苏格拉底""理性""世界""道德""谬误""改善者""德国人""遭遇战""古人""锤子"）

TL：《论超道德意义上的真相与谎言》（*On Truth and Lies in an Extra-Moral Sense*）

UM：《不合时宜的沉思》（*Untimely Meditations*）（作为整体引用）

WS：《漫游者及其阴影》（*The Wanderer and His Shadow*）

Z：《查拉图斯特拉如是说》（*Thus Spoke Zarathustra*）（引用时标示了每个部分的序号并尽可能地标注各章节标题之后的相关段落的编号）

导言：谁是尼采的"自然人"？

伊曼努尔·康德以他在《纯粹理性批判》《实践理性批判》《判
断力批判》之中所分别致力的三大问题（"我能知道什么？""我应
该做什么？""我可以希望什么？"），以及在《实用人类学》之中对
此三大问题进行总结的第四个问题（"人是什么？"），开创了人文科
学的新纪元（Kant 1912：343）。福柯十分关注从批判哲学到实用
人类学的过渡和康德所提出的四大哲学问题，并以"迫在眉睫的人
之死"（作为某种知识形态和观念形态的人的死亡，以人为中心的
学科的死亡，以康德的人类学为基本配置的哲学的死亡）结束了他
对人文科学的批判（Foucault 1994b：342）。介于两者之间并为从
前者走向后者铺平道路的是弗里德里希·尼采《善恶的彼岸：一种

未来哲学的序曲》第 230 节中的著名格言，尼采通过引入"自然人"（homo natura）这个谜一般的术语，回答了康德的问题[1]。对于康德而言，人是自然的立法者。因此，他的问题事关一个理性的自然存在借着完全自由得以超乎自然之上的实际条件。相比之下，尼采在整个创作生涯中始终坚持自然和人类之间的连续性，因而认为在自然之外获得某种先验的基点纯属无稽之谈。然而，这并不意味着尼采以某种本体论一元论的形式让"人"悄然隐去。相反，本书认为，"自然人"代表一种自反的准则，借此，人类置身于这样一种运动中，越自然，反而越与超人相称。在这个运动中，拥抱人类更"天然的自然性"（HL 10）导致了对人类的克服，指引着人类向生成超人的方向行进。

在 21 世纪前 20 年尼采研究的进程中，与"自然人"相关的格言的重要性再怎么强调也不为过。"自然人"的含义及相关术语以及它们对尼采整体思想的意义引发了激烈的理论交锋，这些相关术语包括自然、自然性、再自然化（Vernatürlichung），甚至可以说几乎没有一个解释领域比这一争论更有争议。最近，人们一再地将尼采的自然主义思想与查尔斯·达尔文的进化范式进行比较（Leiter 2013；Emden 2014；Richardson 2009）。按照这种观点，自然史就是生命形式的生物进化的历史。但是，尼采并没有使人类物种服从适用于所有其他生物的进化法则，而是用"自然人"这个术语来区分作为一个活着的物种，在人类物种中，哪些是自然的，哪些是颓废的或者反自然的。人类所取得的一切成就并非都应该被视为对环境的成功适应，就像不是所有发生的事情都可以按照预先给定的、理性的标准来判断其正确性或真实性一样。

但究竟在何种意义上，"自然"或"自然人"可以作为判断人类生命价值的标准或尺度？尼采将"自然人"的成就描述为"让人类复归（zurückübersetzen）于自然"的"奇怪又艰巨的任务"（seltsame und tolle Aufgabe）（BGE 230）。今天，经由对达尔文主义革命的信奉，并进行了进化的转向，希望产生经验性的、可检验的假说来解释人类生命的表现形式，康德开创的人文科学热情地接受了尼采的任务。以其进化的和行为主义的形式，自然主义在人文科学中风行一时，最近在哲学中也颇为盛行。

《自然人：尼采、哲学人类学和生命政治学》作为对康德问题的回答，对尼采的"自然人"观点提出了新的解释，力图与那种还原论的或科学主义的自然主义分庭抗礼。对于尼采而言，将人类复归于自然的任务是由科学家们（Erkennende）完成的。然而，这些科学家必须以他们面对"可怕的基本底稿自然人"（schreckliche Grundtext homo natura）（BGE 230）的刚正不阿（Redlichkeit）和勇气而著称，本书尝试探索这个与人的生命相称的"可怕的基本底稿"。它的主要假设在于，自然的基本底稿在如下意义上是可怕的：它包含了一种实证主义的科学概念所不可知和无法发现的事物，一些"超越善恶"的自然之物，当它被人类生命承认时，它就把人类生命转变成富有创造性之物，因而值得予以肯定。

在《敌基督者》第 14 节，尼采宣称他已经"改变了"（umgelernt）思考人类本性的方式，他已经将人类"往后（zurückgestellt）回溯到动物中"（A 14）[2]。本书认为，"自然人"的发现并没有导致尼采抛弃历史，更没有导致尼采采用某种科学主义的生物进化论概念来取代历史。相反，人类的再自然化与历史的再自然化是并驾齐驱的。尼采探究的是"自然人"的发现如何有助于我们的历史性的自我理解。"复归于自然"和人类的再自然化对我们理解历史究竟意味着什么？对于这个问题，我给出了两个可能的答案：第一，它允许我们以人类的身体为基础来书写一部自然史。第二，这种自然史揭示了某种实质上参与文化（自我）转型的人类本性概念，从而克服了文化与自然的疏离。

　　既然"自然人"的关键在于建立与不可知事物之间的联系，尼采所设想的求真务实的、可资信赖的科学家就必须能够提出这样的问题："究竟为何要有知识？"（warum überhaupt Erkenntnis）（BGE 230）从这个意义上说，他们必须合乎科学地质疑科学本身。本书认为尼采的愿望可能已经得到实现，至少已经部分地得到实现，虽然这已是他身后之事。尼采对人类再自然化的呼吁在这里被理解为旨在号召未来思想家去构想新的、革命性的答案，以回应人类赋予生命意义或过有意义的生活的需要，并设法克服其固有的缺陷。

　　正如可提出证据加以证明的那样，可以说，一些思想家在尼采之后拓展了各种话语，作为对他的术语"自然人"所表达的自然主义和生命视野的回应：哲学人类学、弗洛伊德精神分析学、性别研究、生命政治学和后人类主义是比较广为人知的。本书通过与这些论述的对接和论争，近似地回答了尼采自然主义的含义的问题，因为这些论述都以尼采的"自然人"为母题并进一步凝练出各自的主题。将尼采的"自然人"与以上所有联系起来的是人类知识的生产，它将人类从理论的各种客体转变为表达真理之实践的主体，不管这种真理终究会造成多么可怕的后果。

第一章，"康德主义、自然主义和哲学人类学"，旨在追溯从康德先验地创立的人类学到尼采反思"自然人"之思想的演变轨迹。关于自然人的论述，当代占主导地位的是围绕尼采与19世纪的生命科学之间的联系而展开的，后者深受达尔文主义的影响。在这类文献中常见的假设之一是，尼采有机会通过采用生命科学的新视角而与康德主义分道扬镳。布莱恩·莱特（Brian Leiter）是对"自然人"进行这种科学主义解释的最激进的支持者之一。对于莱特来说，尼采的自然主义包括将人视为一种自然有机体，其自然属性可以通过经验的自然科学来获得和解释。莱特使用"自然人"的准则来驳斥对尼采思想的欧陆解读，这些解读试图将现实世界变成文本，并接受多元和自相矛盾的解释。

与莱特的方法相反，其他学者认为，"自然人"的含义是通过参照尼采关于人类物种的自然史的评论而得以揭示的，并以他的道德系谱为模型。不是被归化为一种生物实体，服从于进化法则，在这里，人类本性被揭示为某种彻底的历史性，而对基本底稿自然人的认知要求一种能够捕捉人类本性所固有的历史性的认识论（Brusotti 2013）。

第一章通过借鉴福柯对18、19世纪出现的人文科学和生物科学的重构，深化了对尼采进行自然主义解读和历史主义解读之间的纷争。福柯的主张是，康德通过引入一种把人作为经验-先验对偶性的观念，把人类本性本身变成"真理的真理"，从而创立了人文

科学的可能性[3]。我认为，无论对"自然人"进行科学主义解读还
是进行历史主义解读，都不能避开福柯对人文科学之康德式人类学
根基的批判。对尼采之准则科学主义的自然主义解读和激进的历史
主义解读，都将人（灵长目人科的一属，包括古人和现代人）（ho-
mo）的问题（以先验的方式）与自然（natura）的问题（以经验的
方式）分开。从这个意义上说，它们没有抓住在尼采的"自然人"
思想中所表达的与康德的决裂[4]。

　　本书采用并捍卫了一种探索尼采论及人类本性问题的第三条路
径，并探索尼采所论及的问题如何打破了康德的人类学预设。这条
路径的核心，并不是科学主义的自然主义或科学主义的历史决定论
是否研究"自然人"的最恰当的方式这一理论问题，而是关于人的
完整本性（ganze Natur）的人类学问题（Riedel 1996；Löwith
1933）。哲学人类学的出发点是尼采的生命与具身化概念，它超越
了康德对经验与先验的二分。它反对人与自然的分离，反对实践哲
学与理论哲学的分离[5]。从它的观点来看，"自然人"意指着人类
本性问题和过一种更自然的生活的问题之间的不可分割。

　　第一章将卡尔·洛维特（Karl Löwith）关于尼采哲学事业的
见解与对福柯自身思想轨迹的思考联系起来，后者引导着福柯从早
期对人文科学考古学的研究转向后期对犬儒主义的生命政治学的研
究，其间，福柯审视了"parrhesia"一词的实践。"parrhesia"这
个词，尼采将它转译成他自己所珍视的 Redlichkeit（正直或刚正不
阿）概念。在论述康德人类学的早期文本中，福柯提出，尼采终结
了可以在人类本性中找到某种本质性真理这一人类学错觉："'人是

什么？' （Was ist der Mensch?） 这个问题在哲学领域的轨迹走到了尽头，超人（Übermensch）的回应在挑战这一问题的同时解除了它的全部装备"（Foucault 2008：124）。本书认为，理解尼采的超人主题的关键一步，是 "自然人" 和一种更自然的人性概念。通过遵循刚正不阿（Redlichkeit）这一指导性的线索，第一章表明，尼采的 "自然人" 典范以及对人类本性的真实探究可能受到了古代犬儒主义者的启发：自我认知和说真话的直率（parrhesia）的实践意味着哲学上的生命体现了一种对真理的自然的、活生生的、具体化的追求[6]。

第二章，"超越人类中心主义的人文主义"，主要探究了作为一种更自然的人类生命形式的 "自然人" 概念，涉及尼采将基督教视为一种反自然的文明形式的论战。这场论战首先将 "基本底稿自然人" 的可怕要素与残忍联系起来，尼采认为这是知识和文化的一个重要环节。然而，尼采对残忍的论述并不是用来作为 "筛选" 一个更高的 "过于强调人性的" 类型的标准，而是用来摆脱某种哲学人类学的人文主义解释。第二章认为，洛维特的解释忽略了动物生命甚至植物生命在尼采关于 "更自然的" 人类即作为文化创造者的想法中所扮演的角色。依据尼采的文化哲学，人类文化生产力既源于动物的残忍，又源于植物生命兼收并蓄、不断生长和繁殖特性的冲劲。因此，对人类复归于自然的重新解释意味着动物性乃至植物生命的重新呈现，直接冲击了在生命的连续统一体中人类物种所获得的特权。

这种对尼采哲学人类学之人类中心主义解释的内在批判，体现在文学人类学的层面上。第二章采用了沃尔夫冈·里德尔（Wolfgang Riedel）的假设，即尼采的生命哲学转向，我认为也意味着生命政治学转向，并不是由尼采对新兴生物科学的直接吸收和应用决定的。相反，它总是以吸收生物科学成果的文学现代性作为中间环节，在这种文学形式中，自然哲学所呈现的诗意的形式最终在尼采自然的酒神基础这一概念中得到表达。换句话说，"自然人"是以自然本身生成为艺术的这一观念为前提的。

第三章，"精神分析学和人类本性的解构"，主题化了弗洛伊德的精神分析方法对"自然人"思想的接受。借鉴路德维希·宾斯旺格（Ludwig Binswanger）对尼采和西格蒙德·弗洛伊德将人类本性视为自然人的思考，这一章论述了尼采和弗洛伊德之人类的再自然化以及更普遍的文化的再自然化的筹划，并非等同于那种始于和终于自然科学的自然观所秉持的人类本性概念。尼采和弗洛伊德确实用自然科学来解构人类优于动物和植物的文明理想。然而，他们都把自然科学放在一边，从与动物和植物相关联的方位中重建人类本性，因为自然科学无法自洽地解释人类文化生产力。这里的核心假设是，人类文化生产力的问题将尼采和弗洛伊德带回到了希腊及其作为混沌的神话的自然概念。第三章总结了尼采的超人形象，作为一个典范，人们可以借此设想人类的（自我）转变，利用自然作为文化更新的源泉。

尼采将人类的自然化——它的复归于自然——设想为一种解放的体验，其间人类重新发现自然是人类所能体现的一种创造性和变革性的力量。尼采和弗洛伊德关注的是，在什么条件下人类可以重新生成为人类。对于尼采来说，人类的未来问题取决于人类是否有能力再现自然。第四章，"生命政治学、性征和社会变革"，探讨的是这样一种假设：对于尼采而言，人类的这种具身化总是已经被赋予了性别的角色并依照性别进行了分类。更确切地说，对自然的重新发现与新的性征观念的体现是分不开的，这一观念天生具有变革性。康德的《实用人类学》在某种意义上也在性别差异学说中登峰造极[7]。康德的 "性别特征" 的关键原则是，"女性渴望支配，而男性意愿被支配"（Kant［1798］2006：306）："因为自然也想灌注属于文化的更为精细的情感，即善于交际和得体的情感，它让言辞谦逊却雄辩的性别成为人类的统治者"（Kant［1798］2006：306）。但在康德那里，性征是自然化的，而在尼采这里，人们发现的是相反的运动：自然是性征化的。这种性征概念在尼采关于性别和性征的争议性观点以及约翰·雅各布·巴霍芬（Johann Jakob Bachofen）关于母系社会的论述中都很常见（Bachofen 1861）。在这两位作者身上，可以同时辨别出自然的性征化和性征的社会化。在与对尼采的女性主义解读的对话中，这一章表明，尼采是最早确定一种支配性生命政治学的学者之一。在这种支配性生命政治学中，性别和针对人类本性的本质主义的相关形式起着支配的作用，进而形成了一种肯定性生命政治学，其中，性征不再被先入为主的性别观念束缚，因而，自然的某种全新的具身化为解放和创造性变革的社会想象打开了视野。

纵观全书，我旨在论证尼采所持有的如下观点，即人类完全属于自然，是自然不可分割的一部分。与进化论一致的是，通过重新把人类置于自然之中，尼采拒绝了一切目的论的叙述，转而诉诸具有形而上学和宗教特征的超越性，从形而上学和宗教的角度来探究人类生命的意义，以回答"人是什么？"这一问题。与进化论一致的还有一点，那就是，尼采认为人是没有本质的。从自然的角度来看，"人"这个概念本身就值得怀疑："人并不存在，因为没有第一个'人'：由此得以推断出动物"（KSA 10：12［1］.95）。然而，与进化论判然有别的是，在进化论中，生命的生成取决于随机变异的影响以及它们对环境的成功或失败的适应，尼采却认为人类的生成依附于艺术或文化生产力与视自然为混沌或生化危机的观念之间的联系，人类的生成是以（人的）动物性为中介的。

通过承认人的动物性，甚至承认人是像植物一样的生物，自然和文化之间的连续统一体成为可能。尼采将这样一种连续统一体与一种规范性的自然概念联系起来。因此，"人是什么？"这一问题对于他而言就转化为"什么对于人来说是自然的？"或者"谁是自然的人？"这样的问题。尼采并没有在人类物种的过去中寻求这个问题的答案，因为他相信人类物种天生就有能力转变和形塑自己的存在方式。因此，人类物种的自然化意味着其人性（humanity）在其生命方面的去中心化：它标志着后人类主义的到来。

在结语"后人类主义与生命共同体"中，我以一种批判性的话语审视了当代的后人类主义。从我的观点来看，当代后人类主义汇集了所有在尼采那里发现的关键主题：基于自然和文化之间的连续统一体的观念，拒绝人类中心主义、拟人论（神人同形同性论）以及物种等级次序；拒绝康德的人文主义，支持有变革能力的、自我克服的人类愿景；最后但并非最不重要的是一种规范性的意图，旨在重新定义行为主体的可能性，而不仅仅是适应既定环境的属性，如果没有这种规范性的意图，后人类主义将不再是一种批判性的话语（Braidotti 2016：13 – 15；Wolfe 2010）。

然而，当代后人文主义话语尽管在尼采的“自然人”中有一个共同的先驱，并在某种程度上简化了它的许多支脉，但在论及如何恢复其所继承反人文主义和反拟人论这两项尼采遗产时分裂了。结语部分呈现了这种分裂的一种可能的表现形式，我将以“生命政治的”后人类主义和“聚集的”（我暂时假定这是目前为止可用的且较为贴切的措辞）后人类主义之间的对立来描述这一点。与“聚集的”后人类主义相比，我认为，在当今，“生命政治的”后人类主义更具有政治的适切性，它不仅作为一种对统治的文明形式提出质疑的批判性话语，而且作为一种肯定性的话语，开启了思考生命共同体的新方式，这样一种生命共同体意指某种人类、动物、植物和其他生命形式可以共享的生命群落。

注释

[1]《善恶的彼岸：一种未来哲学的序曲》第 230 节在本书附录中有完整的重现。

[2]《敌基督者》第 14 节在本书附录中有完整的重现。

[3] 但是康德含糊地定义为“自然”的事物已经被遗忘了，隐约地作为与客体关系的基本形式并作为人类本性中的“自然”而复活。结果，错觉并没有被在反思知识的背景下批判它的运动定义，而是屈服于之前的层级并以 *12*

被分裂与被搁浅的样式重新呈现：它已经变成了真理的真理——从此以后，真理将永远在场，却永远不会被规定；因而，错觉既是存在的理由，也是批判性思维的源泉，是人类失去真理并被不断召回到真理中的运动的起源（Foucault 2008：123）。

[4] 另一种观点，请参阅彼得·罗戈里（Pietro Gori）的文章（Gori 2015），他认为尼采在《偶像的黄昏》中对人类问题的处理在许多方面可与康德的实用主义人类学思想媲美。

[5] 赫尔穆特·海特（Helmut Heit）追随者冈特·阿贝尔（Gunter A-bel），提出了类似的观点，后者认为尼采的生命的有机连续体概念反映了"超越先验形而上学和还原论物理主义的二分法的自然化"（Abel 2001：7；此引用亦可参阅 Heit 2014：27－46）。除此之外，海特的文章遵循了康德的四个哲学问题的结构：（1）"我能知道什么？"；（2）"我应该做什么？"；（3）"我可以希望什么？"；（4）"人是什么？"。

[6] 如何将德语术语 Redlichkeit 翻译成英语，以及如何最好地把握尼采赋予它的内涵，一直是尼采学界反复争论的主题。艾伦·怀特（Alan White）建议将 Redlichkeit 翻译为 honesty（诚实），并将其归于尼采的道德或伦理领域（White 2001）。让-吕克·南希（Jean-Luc Nancy）也把 Redlichkeit 理解为尼采的道德思想的组成部分，但把它翻译为 probity（正直）（Nancy 1990）。这两种译文都没有把忠告（措辞或谈论的方式）的意思表达出来，因而都不能令人满意。作为在别人面前说真话的一种形式，尼采所言的 Redlichkeit 与希腊的"parrhesia"美德（"说真话"与"自我转化"之间的衔接）产生了共鸣。多亏了米歇尔·福柯对说真话的直率的最新分析，即在希腊古典哲学中，特别是在犬儒主义中，坦率言说或讲真话，我们才得以领悟尼采的 Redlichkeit 一词所包含的公共维度及政治重要性（Foucault 2011）。Redlichkeit 的这种政治意蕴常常被忽视，仅仅是因为 Redlichkeit 被翻译成

honesty。在本书中，我将 Redlichkeit 翻译为 "probity"（刚正不阿），以强调尼采说真话的公共维度和政治层面。

[7] 参阅康德的著述（Kant ［1798］2006：306 - 311），特别是关于 "性别特征" 的长文，其中性别差异——主要是指女性——被自然用以达到两个目的：物种的保护和 "对社会的教化和美化"（Kant ［1798］2006：306）。

第一章　康德主义、自然主义
和哲学人类学

13　　伊曼努尔·康德通过将认识客观世界的可能性与人类主体的有限性联系起来，进而与我们对自然和上帝的本质的无知联系起来，彻底改变了认识论，他也由此提出了一个问题，即了解人类的有限性究竟意味着什么，也就是说，他创立了人文科学的可能性。米歇尔·福柯以康德的实用主义人类学为基点，开启了他的智识轨迹，然后通过《事物的秩序》（*The Order of Things*）① 提供了一种人文科学的考古学。通过对康德人类学的分析，福柯发现了人文科学的主要难题。通过某种实证主义的、生成人类经验知识的科学分析

———————————

① 即《词与物》。——译者注

（例如，以经济科学的形式）来处理人类活动和行为，人类变成了某种真理的源头，同时也被改造成某种自然，它超越了一切经验主义的伪造。

关于人类有限性的科学知识使人类自然化这一进展的一个例证就是"经济人"（homo oeconomicus）这个概念，它模拟了人类作为一种自然存在的经济本质。正如加里·贝克尔（Gary Becker）解释的那样，将经济学方法扩展到人类活动的所有领域，是基于"行为最大化、市场均衡和偏好稳定的假设"（Becker 1996：5）。如果纯粹从经济学的角度来考虑这些假设，那么遵循的就是新古典经济学的著名定理：价格上涨减少了需求量；价格上涨增加了供给量；竞争市场比垄断市场更能有效地显示消费者的偏好；对市场产出征税会减少产出；等等。对于贝克尔来说，这不是仅仅指人类的某些行为可以沿着经济学的路线进行盈利分析，而是说经济科学的可能性要求揭示人类在所有活动领域本质上都是作为某种经济存在，本质上是"经济人"。

这种信念很好地说明了福柯在《事物的秩序》中所说的，人文科学把人变成了一种"经验-先验对偶性"。在他对康德的《实用人类学》的介绍中，福柯写道，作为经验知识，人文科学"是关于人的知识，存在于在人的自然存在的层面把人物化的活动中，其要旨是人的动物性禀赋"（Foucault 2008：117）。然而，作为有限性的先验知识，人文科学的反身作用在于"对人类知识的考量，因此可以审视主体自身的局限性，并对我们所拥有的对自身的认知做出裁断"（Foucault 2008：117）。在这第二种知识形式中，康德的"人是什么？"的问题暗含着福柯所说的一种"人类学错觉"，这种错觉通过假设人类自身的先验实在性，使认识客观世界的批判性事业成为可能：批判"通过把主体性想象成某种被浓缩的本质化之物，被

15 封闭在人类（menschliches Wesen）不可逾越的结构中，从而把自己锁定在主体性中。那减了一等的真理，即真理的真理，在这结构中时刻警惕着并借此养精蓄锐"（Foucault 2008：123）。通过产生这个独一无二的（sui generis）人属（homo）的概念（经济含义、政治含义、娱乐含义、性别含义，等等），人文科学把人作为知识的主体和其他动物区分开，但古人却不是这样，对于他们而言，人是一种能以某种方式进行限定发育的有机体（zoon）或动物：作为某种群居（politikon）动物或社会及政治（sociale et politicum）动物，并让其作为经验研究的对象重新置于自然之中[1]。

本书认为，弗里德里希·尼采的"自然人"准则旨在提供一种人类自我认知的路径，它摒弃了福柯所言的康德之后令人文科学为之着迷的人类学错觉。区别尼采的自然人与人文科学所研究的人类本性的关键要素在于，理智刚正不阿的德性所呈现的奇异性。正如列奥·施特劳斯（Leo Strauss）所要言不烦的那样：刚正不阿是"一种全新的坚毅，是一种愿意正视人类被遗弃的一面的勇气，是一种欢迎可怕的真相的勇气，是一种对抗人类自欺于自身处境倾向的坚韧"（Strauss 1995：37）[2]。在《善恶的彼岸》第230节，尼采认为，为了让人类复归于自然，新科学家将不得不显示其直言不讳的美德，提出并讨论"究竟为何要有知识？"这一问题。人类据以认识的自己的本性，并不是经济人观念所描绘的那种经

验-先验的人类本性。尼采与直言不讳相关联的知识可以同康德的人类学知识相映照。康德的人类学知识是务实的，因为它的目的是为人类提供一个示意图或赖以定位的方向，以实现其先验特性所承诺的道德天命（Cohen 2008）[3]。而尼采的自然人之本性却是双重意义上的可怕（schrecklich），至少有两个原因：它既不承认动物和人类的分隔，也不赋予人类特殊的道德天命。对于尼采而言，人类问题不可能与由直言不讳的美德引发的知识问题截然分开。直言不讳的秉性总是从人作为一个有机体的角度来理解知识的可能性。

如果《善恶的彼岸》第 230 节表明认识我们自己是自然的创造物需要直言不讳的秉性，那么这是因为，直言不讳的秉性是一种"极富理智的追求权力和战胜世界的意志"（geistiger Wille zur Macht und Weltüberwindung）（BGE 227）。直言不讳的秉性产生改变人类本性的知识。只有追求知识的意志成为自我反思，并呈现出自然的特征，就像权力意志一样，知识才能为人类内在生命的产生和创造释放自然的创造潜力，才能领悟到形变（Verwandlung）的非凡力量，才能领悟到克服与自我克服的非凡力量。因此，我认为人类本性的形变是尼采探求自然人的要旨，也是让人类复归于自然的理论鹄的。换句话说，尼采对"究竟为何要有知识？"给出的答案是为了促成人类本性的形变。在第 230 节之后，尼采对此予以确认："学习使我们发生了转变"（BGE 231）。

然而，如果转向自然人是直言不讳秉性的某种要求，那么反之亦然，复归于自然也会引导人类走向自我认知，并使之成为对生命

本身的自我反思。因此，让人类复归于自然的任务，与苏格拉底的
箴言"认识你自己！"如出一辙。尼采认为这种认识源于生命本身
而非衍生于某种先验的主体。自我认知反映了生命对成长和繁衍后
代的强烈欲望，这使人类本性有了全新的体验。

再一次，是福柯自己的哲学轨迹，作为对康德主义的某种突
破，为诠释《善恶的彼岸》第 230 节提供了指引。在 1982—1983
年于法兰西学院（the Collège de France）所做的最后的讲座《自我
和他者的治理》（*The Government of Self and Others*）中，福柯通
过把古希腊"自我认知（gnothi seauton）的基本原则"与说真话
的直率或"自由言说"的历史联系起来，为古希腊的"自我认知"
提供了一种新的方案（Foucault 2010：43），并辅以"自我爱护"
的实践："不了解自己的人不可能爱护自己"（Foucault 2010：44）。
有趣的是，福柯在论及说真话的直率的讲座中首先解释了康德的启
蒙箴言"敢于求知！"，它最终在私人服从（意味着公共机构内的服
从）和公共思想自由（意味着对人性等之类问题发话的自由）之间
的分工合作中达到顶峰。然后，他以一段关于犬儒学派的说真话的
直率的讨论结束了他的《说真话的勇气》（*The Courage of Truth*）
讲座，犬儒学派的这一践履是自我认知的古老传统的顶点。

虽然在这些讲座中福柯从未提及尼采的刚正不阿这一概念，但
这是最能凸显说真话的直率这一术语的真实内涵的概念。在这一
章，我认为如果我们将尼采关于直言不讳和自然人的论述理解为决
定性的核心，恰恰能为我们提供一种与众不同的方式，有别于康德
的"何谓启蒙？"（Foucault 2011：26-28）问题所论及的"走出咎

由自取的受监护状态的方式",那么,福柯从康德主义到犬儒主义的奇妙转变就是情理之中的。正如我在本章结尾所讨论的,《善恶的彼岸》第 230 节表明尼采的直言不讳概念可能受到了古老的犬儒主义者以及他们所憧憬的诚实无欺、直抒胸臆、毫不做作的人类的启发。我的论点是,正如尼采所设想的,直言不讳反映了一种鲜活的和具身化的知识,它使我们始终诚实无欺,由此,敢于面对务必重塑我们自身本性这一永无止歇的任务。在这个意义上理解,犬儒主义的生活形式是对尼采所说的自然人的最好表达,提供了一种自我认知的形式,作为生命本身的自我反省。

　　在过去的几十年里,自然人的含义在尼采学者的讨论中占据了中心地位。这些讨论主要以三种立场为主。其一,首当其冲的是关于人类本性的描述,它主要围绕着尼采的自然主义问题以及它与 19 世纪生命科学和达尔文主义之关系的问题展开(Emden 2014;Leiter 2013)。其二,马尔科·布鲁索蒂(Marco Brusotti)①等人认为,尼采的人类本性概念是从自然史的观念发展而来的,自然史是一部"训导和养育(Zucht und Züchtung)的历史",是由人类物种自身完成的,其中人类不断努力完善自己(Brusotti 2013,2014)。自然史视野中的自然人将人类本性视为某种内在历史和社会建构,它需要一种认识论来把握人类本性的这种历史性和情境性(Brusotti 2013,2014)。在接下来的行文中,我认为,无论对自然人进行(自然)科学的解读还是进行(自然)历史的解读,都应列入康德

_____

① 现任德国尼采协会主席和尼采基金会顾问。——译者注

式人类学理解的范围内，即依然属于为作为自然立法者的人类的本性提供客观认识的问题。

相比之下，关于尼采的自然人问题的第三种立场将尼采的哲学定位为哲学人类学的一种形式，这是由卡尔·洛维特和路德维希·宾斯旺格所推进的解读方式[4]。在这里和接下来的章节中，我为这一主张辩护，认为哲学人类学方法最接近尼采所设想的自然人的观点。哲学人类学方法的核心不是如何推导而知人类是某种自然存在的问题，而是人类的"全部本性"的人类学问题（Riedel 1996）。为了使其对人性的质疑超越康德式经验与先验的二分法，哲学人类学的出发点是尼采关于一切知识的具身化特性的运思。对尼采的自然主义无论是进行自然-科学的描述，还是进行自然-历史的描述，最终都将人的问题与自然的问题分开，将尼采哲学的实践层面与其理论层面割裂开来。然而，从哲学人类学的角度来看，就我对它的理解而言，尼采的自然人恰恰拒斥这样一类分割。然而，正如我在本章结尾所展示的，哲学人类学本身的立场需要以对自然人的解读来加以补充。这样的解读凸显了某种希腊式的自我认知概念对尼采的思想恩泽，这特别鲜明地体现在尼采对古代犬儒主义者所呈现的直言不讳和具身化的真理的推崇中。

人类本性与自然科学

最近关于尼采人类本性思想的争论通常从布莱恩·莱特对审美

主义的"否定立场"开始，他把这一立场与亚历山大·内哈马斯（Alexander Nehamas）的《尼采：生命之为文学》（*Nietzsche: Life as Literature*）联系在一起，但这最终要追溯到雅克·德里达（Jacques Derrida）、莎拉·考夫曼（Sarah Kofman）、保罗·德曼（Paul de Man）和理查德·罗蒂（Richard Rorty）等作家的影响[5]。根据审美主义的观点，尼采把世界看成文学文本，这样就形成了一个人类的概念，反映了适用于文学情境、文学文本和文学人物的创作与解释的概括性（Leiter 1992：275-276）。而布莱恩·莱特同意，作为一个语言学家，尼采经常以隐喻的方式将世界描述为一个需要解释的文本（Leiter 1992：276），他的独特论题在于他认定尼采旨在阐释一个具有特定类型的自然属性的物质世界（《善恶的彼岸》第 230 节和《敌基督者》第 14 节就是例证）（Leiter 1992：278）。据此，尼采最重要的哲学志业是自然主义[6]。依照莱特的致思理路，自然人显示了尼采把人类视为"自然有机体"的自然主义观念。莱特认为，"尼采想要为知识建立一个合适的起点"（Leiter 1992：279）。换句话说，对于莱特而言，尼采所推崇的直言不讳应该被视为康德关于在适当的科学根基（即立足于自然主义的根基）上确立关于人的知识的问题的扩展，而不是从自然和生命的角度去质疑人类追求知识的意志。

莱特关于审美主义的否定论断因为他关于自然主义的积极论断而变得更引人注目，根据这个积极论断，人类的行为和价值观是由"可遗传的心理和生理特征"或他所称的"类型事实"的因果关系决定的（Knobe and Leiter 2007：89-90）。从这一观点来看，尼采的自然主义筹划致力于解释特定类型的人如何以及为什么会拥有特定的价值和想法，恰如"人们可以通过了解一种树的果实来判定它所属的特定类型（是乔木、灌木，抑或是木质藤本等）"（Leiter 2002：10）。莱特因此得出结论："就像关于树的自然事实可以解释它究竟能结出什么样的果实一样，依据一个人的'类型事实'也可以解释他必然具有的观念和价值观"（Leiter 2002：10）。

莱特对自然人的解释似乎完全符合福柯对康德式的人文科学基础的分析，福柯认为康德为了批判先验幻觉（它把真理和意义的来源置于人类知识之外），最终通过将人类本性本身转化为"真理的真理"而造成了一种人类学错觉：人类的一切知识总是……被赋予一种意义，它必须与回归本源、回归本真、回归始基活动、回归世界之所以有意义的缘由相关（Foucault 2008：123 - 124）。从这个意义上说，人文科学是构成这种人类学错觉的基础。在福柯看来，这些理论，包括科学自然主义，旨在将"人的先验层面还原为经验层面"："这种求真的话语在其追溯自然和历史的经验真理中找到其基础与模型，据此，人们获得一种实证主义类型的分析"（Foucault 1994b：320）。正如比阿特丽斯·汉-皮耶尔（Beatrice Han-Pile）所指出的那样，福柯批判这种尝试的本质主义，它过度地将"人"变成纯粹的自然客体（Han-Pile 2010：130）。值得注意的是，福柯的批判并不是针对人类学本身，而是反对康德和新康德主义者视人为先验主体之建构的核心——人类主义。依照福柯的假设，将人类理解为先验的知识主体，为随后将人类视为纯粹的自然客体的实证解释提供了基础。

从福柯的批判性论述的视角来看，莱特自然主义的自然人概念为实证主义人类学提供了一个例证，其中，"自然人"被理解为一种活着的有机体，其自然属性可以通过经验主义科学获知。遵循自然界的连续统一体的思路对人类的自然主义进行的体悟，导致了艺术与自然的依赖关系的逆转。莱特认为，"自然不应该被艺术地解释；相反，艺术作品应该被自然地理解（因而作为'自然这一强力固有的本能'的某种产物）"（Leiter 1992：284）。然而，这一逆转表明，莱特的自然主义依然落在了福柯批判的范围内：通过将人类的本性作为知识的出发点，莱特的自然主义最终将人类变成了某种纯粹的自然客体。

科学主义的或还原论的自然主义漠视了生生不息的人类对知识不懈的自我反思，因而对尼采的人类本性概念做出一种命定论的描述，无法解释人类不断地自我战胜而引起的形变。这或许可以解释为何在莱特那里出现了"两位尼采"——一位瞄准理论的尼采和一位致力于实践的尼采、一位亲自然主义者的尼采和一位反自然主义者的尼采（Leiter 2013：582-584）。莱特认为，尼采的思辨心理学（例如，尼采的哪些想法解释了我们当前道德的起源，尼采如何理解人类的心理机制，尼采认为哪些是道德信仰的因果关系的后果，以及诸如此类）并不是他的哲学筹划的最终目标。相反，它隶属于或者只是莱特所说的尼采治疗筹划的辅助手段——例如，对读者产生一种特定疗效，使他们从主流道德的错误意识中解脱出来（Leiter 2013：582）。莱特认为，这两个筹划如混音那样并置在尼采文本中的事实并不能提供一个很好的理由来反对将它们作为尼采哲学的两个不同分支进行原则上的分离。他以西格蒙德·弗洛伊德的精神分析研究为例来说明这一点。尽管弗洛伊德和尼采都是在自然主义心理学的基础上运作的，因而有很多共同点，但两者依然有着明显的区别，精神分析的实践是弗洛伊德的治疗之地，尼采却依靠他的书来产生双重效果：用他的方法论和怀疑论的自然主义来启蒙，用他的哲学上的修辞和风格来治愈。我在第三章讨论了尼采和弗洛伊德之间的关系以及他们的心理学是否真的是自然主义的问题，其中，我区分了尼采和弗洛伊德的心理学自然主义的解构与重构维度。我想要阐明的主要论点在于，莱特的自然主义和他对尼采理论性的人类本性概念的理解完全是面向过去的，旨在提供我们作为自然生物的知识。如此一来，这种理解就无法捕捉到尼采关于人类本性的思考的面向未来的维度，这种未来的维度旨在通过重建"一种自然的、真实的人性"来实现人类的再自然化（BT X）。

此外，莱特对尼采治疗主题的解读也是不进反退的，因为它可能让尼采试图克服的道德错觉走上另外一种歧途，尼采试图通过一个变革性的概念"超越善恶"来克服道德错觉，莱特对规范性的批判无法阐明一种新的规范性，"一种自然而真实的人性"，它将允许我们战胜文明永不知足的欲求。

人类本性与自然史

24　　关于按照尼采的方式所论述的人类本性问题，布鲁索蒂在尼采所探索的某种道德自然史的背景下为我们提供了重建自然人含义的有益尝试。布鲁索蒂对尼采的自然主义进行了解读，批评了莱特对尼采关于道德类型的论述进行简化的还原论方法，同时又力图在尼采的自然主义和规范主义之间保持一种更紧密的联系。这种联系基于刚正不阿的美德，这一美德是自由精神的特性。这种更紧密的联系优于莱特的"两个尼采"主张（Brusotti 2011，2013，2014）。布鲁索蒂提出了一个令人信服的案例。这个案例对尼采的整体哲学方法论进行了不同的思考。尼采的整体哲学方法论既立足于对自然科学的批判，又尝试以自然史的形式深刻反思自然科学与人文科学之间的关系[7]。

　　对于布鲁索蒂而言，尼采将人类"再自然化"的尝试被置于某种更宏大的筹划中。这一筹划决定了"道德的自然史"，甚而，更具体地说，是为了确定"自由精神的自然史"（Brusotti 2014：sect. 7.2；Brusotti 2013：sect. 5）。布鲁索蒂所说的自然史，首先意味着，尼采作品中对各种道德观念的收集和审视，为的是能够探究道德行为现象背后所隐藏的事物，这是自然史的历史层面。而道德自然史的自然层面有助于我们探索各式各样道德的背后有效的历史力量，这各式各样道德在本质上可以总结为两种类型，即主人道德和奴隶道德。在这里，布鲁索蒂声称尼采的"类型学倾向"在"文化进步的普遍尺度"（universellen Stufenleiter kulturellen *25* Fortschritts）层面非常接近于他同时代的进化人类学（Brusotti 2014：sect. 7.2）。最后，这种二元类型学将尼采置于某种自然人的规范性表达中，这种规范性表达将自然人视为主人道德"被压抑的基型"（verdrängten Grundtypus）。依据布鲁索蒂的观点，我们需要重新审视主人道德。这种探究自然史的类型学方法在"道德自然史"的关键区别中达到了登峰造极的地步。这一关键区别意指尼采关于"末人"的"退化"（Entartung）和需要"训导和培育"被理解为"更高类型"的"超人"的论述（Brusotti 2014：sect. 7.4）。简而言之，对于布鲁索蒂来说，尼采的自然人旨在清除"错误的形而上学人类学"的污点（Brusotti 2014：sect. 7.5），为的是"培育"一种与自由精神的形象一致的、新的、更高类型的人类。

根据布鲁索蒂的观点，尼采将人类和自然科学视为一个连续体（Brusotti 2011）。布鲁索蒂质疑莱特提出的尼采理论哲学与实践哲学的分离，前者被理解为面向过去的休谟式的自然主义，亦即对道德准则进行自然主义阐释，而后者建构一个专注于未来的诊疗式的尼采，也就是说，将人类从道德的枷锁中解放出来。与科学自然主义的变体相反，布鲁索蒂认为，人类复归于自然需要一种历史哲学方法，这种历史哲学方法既包括人文科学的自然化，也包括自然科学的历史化，从而克服了莱特的方法论二元论。

布鲁索蒂拒绝将尼采哲学分为理论哲学与实践哲学的另一个原因在于，他认为尼采的知识是自我反思的。尼采的自由精神所洞悉的自然人的知识被镌刻在他们开始转向自身、认识自己、直言不讳地将自身视为自然界的生物的过程中。这也是保罗·范·汤格伦（Paul van Tongeren）的观点，他认为《善恶的彼岸》第 230 节凸显的正是"直言不讳的自然化"（van Tongeren 2014：162）。

在《善恶的彼岸》第 230 节，尼采描述了知识（Erkennende）

探求者悲剧性的两难境地，他直面"人类本性可怕的基本底稿"需要接受如下事实：他们所谓的直言不讳只不过是某种"令人着迷的、闪闪发光的、叮当作响的、节日欢庆的"字眼，在这些字眼之下，知识探求者发现的却是"我的精神倾向中有某种残忍的东西"（BGE 230）[8]。在人类复归于自然的转化这一艰巨任务之前，自由的精神面临着一个悖论。一方面，要把人的本性看成自然人，就需要直言不讳。但是，另一方面，要完成人类复归于自然的转化，还需要克服将直言不讳视为人类文化产物的信念。因此，直言不讳的自然化既意味着直言不讳的最高实现，也意味着直言不讳向着一个超越善恶的、未知的和不确定的未来所进行的自我超越。对于范·汤格伦和布鲁索蒂来说，人类复归于自然的转化需要对被理解为一种道德美德的直言不讳进行（自我）克服。尼采的自由精神不仅要像莱特的自然主义解读所宣称的那样，增加对过去道德的认知，而且要体现未来的道德，也就是说，"一种由尼采渴望的自由、非常自由的精神所体现的后道德的道德"（Brusotti 2014：130）。

　　布鲁索蒂对自然人的解读承认了一个有待探讨的问题，即复归 *27* 于自然如何产生后道德的道德。然而，他的解读仍然着眼于过往的人类道德的自然史。此外，布鲁索蒂对自然人的解读与莱特的解读有相似之处，即从人类本性问题转向知识问题。他将"更普遍的问题——作为自然人的人类"（Brusotti 2013：270）替换为更具体的认知主体的自然史问题。这或许可以解释，为什么对于布鲁索蒂而言"究竟为何要有知识？"这个问题的答案可以从尼采在《善恶的彼岸》第 229 节之前对知识的自然史的讨论中获得。布鲁索蒂补充说， 在第 229 节和第 230 节原先的草稿中， 它们的顺序是倒置的：
"在尼采的观点中， 对于这个自然历史问题， 诉诸事实无法找到
'较好的答案'， 事实在于知识探求者将自己的残忍转向自身并与精
神的基本意志作对"（Brusotti 2013：277； 强调为我所加）。

因此， 布鲁索蒂对第 230 节的解读产生了某种类似于我们在莱
特的科学自然主义中找到的问题。 通过把知识问题与更普遍的人类
问题分开对待， 布鲁索蒂对第 230 节做了片面的解释。 莱特的科学
自然主义路径和布鲁索蒂的自然史路径都主要关注知识问题， 把它
与人类本性问题分开。 莱特关注的是自然， 因而最终将人类归结为
某种纯粹的自然对象， 而布鲁索蒂虽然关注的是人（知识探求者），
但因此却可能会有将人类归结为某种（先验的）认知主体的风险。

人类本性与哲学人类学

28   从哲学人类学的角度着眼， 人类本性问题与人类知识问题是分
不开的， 正如实践哲学离不开理论哲学一样。 这是因为哲学人类学
将人类视为一种有机体， 这种有机体产生的知识是鲜活的并体现在
自然界之中。 在一篇 1933 年发表的关于瑟隆·阿拜·克尔恺郭尔
和尼采的文章中， 卡尔·洛维特对尼采《善恶的彼岸》第 230 节的
解读将尼采把人类的概念定义为自然人与哲学人类学的出现联系起
来。 洛维特认为， 克尔恺郭尔和尼采思想中知识与生命的紧密联系
体现在他们的生命概念和存在概念上， 这是哲学中的两个"基本概

念"(Grundbegriffe)(Löwith 1933)。克尔恺郭尔和尼采不再把哲学理解为包含人类学以及其他诸种科学的、封闭的形而上学体系。相反,对于洛维特而言,在克尔恺郭尔和尼采的著作中,所有哲学问题都集中在关于人是什么这一"基本问题"(Grundfrage)之中。

正如洛维特所讨论的,尼采拒绝将哲学家视为从哲学思考中抽象出自己生活的形而上学者(黑格尔是这一类型的典范)。与形而上学思想家相反,洛维特坚持尼采《曙光》中提出的自我认知的必要性:"认识自己是全部的科学。人只有获得了一切知识,才能认识自己。因为万物只不过是人的极限"(D 48)。从这个观点来看,知识,包括自然科学和人文科学所产生的知识,必须在人类作为一个有生命的存在的自身经验中被构想出来。对于哲学来说,这意味着真理是由健在的哲学家的自我实验产生的,并且与之密不可分。因此,尼采的整个哲学筹划旨在将哲学视为自我战胜的系统,这一系统对世界的哲学解释不囿于作者单一的视角:哲学变成了某种实验心理学(Löwith 1933:43)。

根据洛维特的说法,克尔恺郭尔和尼采哲学激进的"人性化"(Vermenschlichung)的一个结果是,真理的问题被简化为直言不讳的问题。如此一来,直言不讳就成了先前对真理的信仰的仅存硕果(Löwith 1933:43 - 44)[9]。《善恶的彼岸》的关键在于将某种纯粹的精神哲学转变为全方位的人类哲学,其作者将自己理解为"最后的"和"未来的"哲学家。直言不讳的真理撤回了哲学追求真理的立场。然而,洛维特很快补充说,真理的这种悲剧性退场也宣告了被理解为哲学人类学的哲学的一个新开端(Löwith 1933:

46)[10]。在《善恶的彼岸》第 230 节，这一新的开端取决于尼采所渴望的自由精神是否能够复归于自然，从而克服基督教世界观及道德观，走向一种更自然的人性。

30 洛维特似乎同意尼采探究人类本性问题的哲学方法。然而，他哀叹尼采的自然人并没有对人类的自然性提供一个连贯的解释，并由此得出结论说，尼采的人类本性概念仍然是有争议的、反应性的，最终囿于与基督教道德世界观的对立。值得一提的是，依照洛维特的观点，尼采的生命概念是"模糊的"和"不确定的"，在对人类进行纯粹自然主义和生理学的解释与对世界进行道德/非道德的解释之间摇摆。正如我在前文所描述的尼采关于自然人的学术论争的基调和假设一样，洛维特声称，与克尔恺郭尔相比，尼采就像一个"半信半疑的实证主义的新康德主义者"，他在克服新康德主义方面走得不够远（Löwith 1933：64）。

洛维特将尼采的自然人解读为某种哲学人类学的不足之处将在第二章讨论。在这里，我只想指出，洛维特对自然人和自我认知问题的最初解读没有充分考虑到古希腊对尼采关于真理、自然和哲学上的生命的思考的影响。对于尼采来说，自然不再仅仅是科学探索的对象，而是一种昭示人类存在的全部样貌的力量。他试图通过哲学上的生命概念来捕捉这种自然的充盈[11]。《善恶的彼岸》第 230 节阐明了一种哲学上的生命概念——以自由精神的形象为典范，其中，通过复归于自然，直言不讳推进了人类的不断创造和再创造这一看似矛盾却开诚布公的任务。在我看来，尼采对哲学上的生命和自然人的看法可能在犬儒主义者锡诺帕的第欧根尼（Diogenes）中找到先兆，他是哲学家相当于一种自然人的原型。评论家们已经有代表性地指出了尼采和犬儒主义者的哲学风格之间的亲缘关系，以及他们的价值重估筹划之间的亲缘关系。我希望通过比较他们的人类学来为这些解读添砖加瓦[12]。

人类本性与直言不讳

古代犬儒主义者提供了哲学上的生命和将直言不讳视为活生生的、具身化的真理的例证，其中复归于自然是面向未来的，是对一切价值的重新估量，包括对人类本性的重新估量。对于犬儒主义者来说，追求真理或知识的哲学不是一种信条或科学，而是生命和实践的一种形式。对于犬儒主义者而言，真理问题与真正的生命问题是分不开的[13]。犬儒主义者一丝不苟地探究真理如何存在的问题：他们询问真理如何具身化，以及它如何在有形的肉身中被物质化。犬儒主义者将真理自然化无疑引起了共鸣：一方面，尼采认为哲学家的生活和思想是不可分割的，在那里，诚如洛维特所言，对知识的追求不再被认为是与哲学家的生活分开的；另一方面，尼采将真理问题重新表述为真理能否被具身化的问题（GS 110）。对尼采的自然人问题，这意味着：第一，在他的哲学中，理论与实践是不可分离的；第二，人类本性问题需要从具身化的角度来研究，将人类视为活生生的有机体，这是哲学人类学倡导的立场。

尼采的自由精神所揭示的人类复归于自然的重构可以与犬儒学

派的哲学家对真理具身化的探寻媲美，后者同样有赖于对自然的某种复归。有趣的是，在犬儒主义中，这种对自然的复归需要克服对人类本性所进行的某种传统的因而是错误的解释。于是这种对自然的复归构成了他们解读说真话的直率、直言不讳和实话实说的最重要的层面。犬儒主义直言不讳的实践的目的在于改变流俗的价值，或者换句话说，旨在推翻对人类本性的传统理解[14]。犬儒主义试图克服文明在自然和人类之间竖起的障碍。这一旨趣再度清晰地与尼采关于自由精神的观点产生了共鸣。这些自由精神被赋予这样的任务："日益明了迄今为止在那个永恒的基本底稿（Grundtext）自然人之上潦草涂画的许多徒劳无功的、过于热情的诠释和内涵"（BGE 230）。和犬儒主义异曲同工的是，在尼采那里，要改变对人类本性的既定观念，就需要直言不讳。论及尼采关于人类本性问题的探究，上述理解意味着尼采的人类学始终是反人类学的，因为关于何谓人类本性，他质疑既定的、惯常的见解（Stegmaier and Bertino 2015）。尼采的人类学战胜了实证主义和本质主义人类学的概念，迈向一种将人类本性视为历史的和生成的概念[15]。相应地，尼采认为，对错谬的克服不可能是一劳永逸的。真理能体现到什么程度必须是一个开放性的问题，一个可以同时发现和创造新的生命形式的开放性实验（GS 110）。

依照犬儒主义者的观点，人类本性的自我塑造体现在哲学上的生命作为真正的生命具有改变人类本性的力量这一观念上。对于他们而言，诚实地追求真理意味着面对自我认知的挑战，不断地进行自我实验。犬儒主义者坚持不懈地进行自我实验，这让福柯得出结论，对于犬儒主义者来说，真正的生命是一种改变了的和正在改变着的生命。但福柯问道："要使生命真正成为真理的生命，难道它不是另一种生命吗？一种根本上是另一种生命的生命，一种自相矛盾的生命吗？"（Foucault 2011：245）依我之见，这种改变了的和正在改变着的理解尤为重要，因为在尼采的视野中，人类本性的形变是通过自由精神所促成的自然人之具身化而产生的。复归于自然揭示了人类本性的丰富性和多元性，并不断地沉浸在变化和自我改变之中，因此，永远不会一成不变地与自身画等号。尼采的自由精神通过重新使人类复归于自然，发现人类本性并不是作为某种遥远的（动物或植物）生命形式存在于我们的过往，而是存在于我们的未来[16]。自然人的问题不是我们是什么（科学主义的自然主义）的问题或我们如何成为现在的我们（自然史）的问题，而是我们还能成为什么（哲学人类学）的问题，当尼采呼吁重新使人类复归于自然时，这种向后退一步的运动需要被理解为一种类似于向后挽弓的运动：为了射向未来而向后挽弓（BGE"前言"）。

对于犬儒主义者来说，与流俗对照的自然是衡量真正生命的唯一可接受的标准。这个标准以动物的生活，特别是狗的生活为形式[17]。犬儒主义者要求我们重新思考动物性的价值，包括人类的动物性，这让我们想起了尼采在《善恶的彼岸》第 229 节要求我们重新思考残忍的价值。在第二章，我将讨论尼采如何与西方形而上学相反，重新估量而不是排斥人类从自然界中获得的事物。尼采并没有排除残忍，而是提出了一个论点，即动物的残忍激发了文化生产力，并且是我们所有文明成就的基础。这是尼采的自由精神所承

34　认的可怕的洞察力，在这种情况下，他们确认，即使他们自己对知识的追求也是由残忍驱动的（BGE 229）。

　　有趣的是，尼采人类本性概念的上述所有方面都反映在尼采直言不讳的概念中：生命与思想的不可分割性、具身化的条件、复归于自然的反基础主义方面、价值的重新估量、生命的形成和人类本性的多方面特征以及人类的持续形变等。既然这些方面也属于古代犬儒主义者对直言不讳的理解，我认为尼采关于直言不讳和自然人类的想法就可能受到了古代犬儒主义者的启发。

　　尼采的直言不讳代表着对自我实验的承诺。自我实验反映了生活与思想的不可分割性，知识探求者致力于研究和解释经验：

> 　　作为我们经验（Erlebnisse）的诠释者，有一种直言不讳对于所有宗教创始人和诸如此类的人来说都是陌生的：他们没有把他们的经验作为他们知识的良心问题。但是我们，我们这些渴望理性的人，想要像对待科学实验（wissenschaftlichen Versuche）一样严肃地面对我们的经验，年复一年，日复一日！我们想成为自己的实验品和小白鼠。（GS 319）[18]

将经验作为诚实追求真理的起点的说法不应被误解为一种倒退到某种实在主义的做法[19]。相反，将我们的经验视为科学实验意味着
35　承认我们所有的经验都是基于感兴趣的价值判断，这些判断不是绝对的，而是处于历史情境中的、不断被重构的因而是可能出错的（GS 114）。

　　正如犬儒主义者所言，对于尼采来说，直言不讳是一种具身化的直言不讳。直言不讳不是外在于身体的事物，不是某种"文字上

值得尊敬的炫耀"和"虚伪的浮夸"（BGE 230）。相反，直言不讳
肯定了人类本性的自然性。对于尼采而言，肯定自然人意味着接纳
与生命相宜的具身化的条件，而不是将身体隐藏在更高的、道德起
源的幻觉后面。类似地，在犬儒主义者看来，直言不讳意味着个人
"去掉羞耻的弊习"（Scham verlernen），无须"否认自己本能的自
然性"（natürliche Instinkte verleugnen）（KSA 12：10 ［45］）。尼
采关于直言不讳的警句，"让我们成为自然主义的（Seien wir natu-
ralistisch），并且不要用道德的色彩（moralischen Farbtöpfen）来
涂抹我们的偏好和憎恶（Neigungen und Abneigungen）"（KSA
12：1 ［90］），与从容不迫的犬儒主义者旗鼓相当[20]。

　　致力于制度化的道德、政治、宗教或家长制价值观等既定的惯
例和义务，与旨在复归于自然的直言不讳之间处于剑拔弩张的状态
（KSA 9：6 ［223］）。直言不讳要求战胜对道德的膜拜（BGE 32），
它提出了一个"超越善恶"的真理（Z Ⅳ "退职的"；亦可参阅 GS
107 和 KSA 12：2 ［191］）。与道德、宗教和形而上学的教条主义
相对立，直言不讳是反基础主义的：它指的是反对自己的思想，不
断地破坏和质疑自己所谓的真理。对于尼采而言，这种自我批判思
维是伟大的标志。他大声说："我不愿意承认任何同直言不讳地与
自身相抗衡毫无联系的伟大"（KSA 9：7 ［53］）。

　　此外，对于尼采而言，直言不讳作为一种具身化的真理被认为 *36*
是一种驱动力（KSA 9：6 ［127］），这种驱动力是不能从生命和身
体中进行剥离的（KSA 9：6 ［130］）。直言不讳意味着拥抱身体，
将其视为相互不可简化的多个动力，并参与到相互支持和反对的持

续斗争中（KSA 9：6 ［234］）。这可能就是尼采将直言不讳理解为"处于形成过程中的事物"（D 456）的原因。直言不讳是变革性的，也会发生变化。但是，直言不讳的变革性力量不仅关系到个人的生活，也关系到世界及其价值。让我们回想一下，直言不讳是最崇高的权力意志和战胜世界的意志，因此，它是一切价值的重新估量所不可或缺的（BGE 227）。如上所述，重新估量一切价值的主题是犬儒主义哲学家改变"世上流行的一切货币的价值"的实力所体现的犬儒主义式直言不讳的关键特征之一。尼采也将直言不讳与重新估量一切价值联系在一起[21]。

尼采相信直言不讳有改变人类本性的力量（D 167）。但这要求我们放弃这样一种观念：人类本性是固定的、绝对的，是由整齐划一的本质定义的。尼采认为人类本性是多重的，而不是整齐划一的："我们不再将我们自身作为一成不变的（Einzigkeit）自我来感知：我们早已总是处于某种多样性之中"（KSA 9：6 ［80］）。对于尼采来说，复归于自然是指向生命的多样化和倍增。拥抱人的自然性，复归于自然，为人类本性的不断创造和再创造提供了可能。根据犬儒主义者的说法，只有那些兼容并蓄地体现整个宇宙作为完整和谐的生命统一体的人才能成功地实现复归于自然[22]。这些人按照自然规律生活，以开放和诚实的方式直面流俗对人类本性概念的错误理解。在 19 世纪 80 年代的一篇笔记中，尼采用类似的术语描述了一个诚实对待自己和他人的哲学家，也就是说，他是一个体现了整个宇宙之意蕴的人："就我们业已掌握和向往的宇宙而言，我们就是宇宙"（KSA 9：6 ［80］）。哲学家直言不讳的品性是独一无二的。在犬儒主义者和尼采看来，直言不讳表现为哲学家的某种外化和自然化，它被内化为某种叠加的、多样的人类本性。犬儒主义者认为，复归于自然会导致人类的转变，解放了人类不断创造和重建自身生存条件的力量，超越了自我保存的斗争，走向更自由、更真实的生命形式。犬儒主义者直觉到的自然与解放之间的紧密联系可能已经触发了尼采将哲学家视为自然人的灵感。

注释

［1］对于吉奥乔·阿甘本（Giorgio Agamben）而言，这种将人类作为科学研究的对象重新置于自然之中的双重运动，源于他所称的"人类学机器"（Agamben 2004）。

［2］在这里，施特劳斯并没有引用尼采所明确论及的关于刚正不阿的言论，但"可怕的真相"似乎映射了第 230 节的"可怕的基本底稿自然人"。

［3］继康德人类学的实用主义转向之后，"人是什么？"这一问题应该被"他能使自己成为什么样的人？"这样的问题取代，这样，对意义的探究就被对本质的探究取代。这种转变使得附着于人类本性的意义，不再是直接给予的，而是被定义为人类自由地进行建设性工作的结果，人类"作为一个世界公民"，通过自己的行为、文化和文明，依据自己的自然禀赋，自由地进行建设性的工作（Cohen 2008：514）。然而，阿利克斯·A. 科恩（Alix A. Cohen）引用康德的文本，他清楚地陈述了人类学背后的道德命令："出于理性，人注定要生活在一个由他人组成的社会中，在这个社会中，他必须通过艺术和科学来培养自己、教化自己，并致力于道德目的"（Kant［1798］2006：241 - 242；AA 7：324；转引自 Cohen 2008：514）。

［4］这里我用的是"广义的哲学人类学"，正如宾斯旺格（Binswanger 1947）和洛维特（Löwith 1933）用过的那样。有关"哲学人类学"一词的不

同含义和用法的概述，请参阅 Honenberger 2016。对尼采与以马克斯·舍勒（Max Scheler）、阿诺德·盖伦（Arnold Gehlen）和赫尔穆特·普莱斯纳（Helmut Plessner）为代表的哲学人类学传统的关系进行的全面探讨，请参阅 Schlossberger 1998。对尼采的哲学人类学思想的专门探讨，也可参阅 Fischer 2018、Krüger 2018。

[5] Leiter 1992：290. 虽然我同意莱特反对内哈马斯审美主义解读的主要论点，但是雅克·德里达、莎拉·考夫曼、保罗·德曼和理查德·罗蒂的立场是否也属于内哈马斯的审美主义这个问题还需要更多的证据。在这一点上，亦可参阅 Helmut Heit 2016：56-80。赫尔穆特·海特认为莱特没有进一步研究如何重构这样的理解，"而是暗示一个人必须在自然主义者的尼采和后现代主义者的尼采之间做出选择"（Heit 2016：61）。

[6] 关于尼采的自然主义的详细论述，请参阅 Christoph Cox 1999。克里斯托夫·考克斯（Christoph Cox）也援引《善恶的彼岸》第230节作为尼采自然主义思想的例证，并且认为对"复归于自然"和自然性的呼吁是尼采哲学筹划的一部分，同尼采的透视主义、反基础主义和系谱方法相关的解释的首要性与不可还原性形成鲜明的对比。考克斯的主要论点是尼采成功地在相对主义和教条主义、自由和必然性之间找到了正确的行进方向（Cox 1999：2，3，11）：一方面，尼采的相对主义"被他的自然主义控制"；另一方面，他的自然主义"为他的透视主义所缓和"（Cox 1999：3）。尽管考克斯小心地将尼采的自然主义与科学主义的或还原论的解释区分开来，但从哲学人类学的角度来看，考克斯的解释仍然过于二元论，并效仿了康德的认识论。

[7] 关于尼采的历史哲学概念和人文科学（Geisteswissenschaften）的自然化问题，请参阅 Brusotti 2011、Emden 2014；尤其是埃姆登（Emden）所探讨的莱特对尼采的自然主义所进行的实质性的方法论转换（Emden 2014：62-66）。埃姆登对尼采的自然主义和莱特的还原论观点进行了仔细的区分，认为

尼采的自然主义必须在两个主要背景下理解：当代多元论和实验生命科学，以及早期新康德主义的批判认识论（Emden 2014：20，29）；关于埃姆登对尼采自然主义的论述的不足之处，请参阅 Heit 2016：56 - 80。

[8] 保罗·范·汤格伦认为，"可怕的基本底稿自然人"中的"可怕的"一词意指悲剧，因此表明的是第230节中某种悲剧式的自然观，而不是某种自然主义的自然观："不可置疑的是，对于尼采而言，自然与悲剧有关，而且他试图通过将自然从道德内涵中解放出来而回归悲剧的体验，这种道德内涵被涂描在可怕的基本底稿自然人之上"（van Tongeren 2014：162）。

[9] 对尼采的直言不讳的问题的研究，亦可参阅 Strauss 1983：chapter8；Nancy 1990；White 2001；Benoit 2012；Lemm 2018。

[10] 亦可参阅雅斯贝尔斯和沙赫特（Schacht）关于尼采把人类的终结当作一个新的开端的思想（Jaspers 1981；Schacht 1995，2006）。

[11] 尼采关于生命的生成的思想，请参阅 Lemm 2014b，2015。

[12] 对尼采和犬儒学派进行的广泛比较，请参阅 Niehus-Pröbsting 1988：306 - 340；Desmond 2008：225 - 234。

[13] 关于犬儒学派理论与实践的不可分割性的研究，请参阅 Navia 2005。

[14] 关于犬儒主义说真话的直率的重要性，亦可参阅 Branham 1996。

[15] 安德里亚斯·乌尔斯·索默（Andreas Urs Sommer）也反对那种认为《善恶的彼岸》为尼采的本质主义和绝对主义人类学提供了文本基础的论调（Sommer 2016：650）。

[16] 艾伦·怀特对那种认为尼采的正直或刚正不阿的概念与讲真话相关的观点提出了质疑，因为讲真话是一种古老的美德，可以追溯到波斯人（White 2001）。怀特认为，按照尼采的理解（EH IV 3），拥有史实般的"波斯美德"的查拉图斯特拉和拥有贵族美德的希腊人称他们自己为"诚实的我们"（BGE 260；GM I 5），与尼采称之为"最年轻的美德"（Z I 3）的刚正不阿形

成了鲜明的对比（White 2001：65）。但有论者可能会对此提出反驳，因为在
尼采声称我们现在才开始理解真理的问题意味着着手去解决真理如何是鲜活
的和具身化的问题（GS 110）时，讲真话作为鲜活的和具身化的直言不讳的
40 想法是新颖的。犬儒主义哲学的主要创新，依我之见，是开创了一种新的哲
学实践，被理解为对为真理而生活和使真理具身化的挑战（Lemm 2014a）。诚
如布莱斯·贝诺特（Blaise Benoit）所言，这个挑战不仅需要直面真理的勇气，
还需要活出并体现真理的勇气（Benoit 2012）。以犬儒主义的方式，被具身化
的真理之可见性通过在公共场合讲真话的行为得以践履。因此，说真话的直
率依赖于犬儒学派的哲学家敢于说出真理的勇气，即使这意味着他或她可能
因与民意相违而被放逐。但在这里，怀特把刚正不阿视为最年轻的美德，在
某种程度上与我认为尼采的刚正不阿的前身是犬儒主义说真话的直率的解读
一致，因为贝诺特认为，虽然不是很明确，但刚正不阿概念对尼采理解人类
本性有着重要的影响。怀特评论说，刚正不阿教会我们的是"我们既不是理
性动物，也不是逻辑/语言动物；相反，也许我们是正直的/诚实的动物，是
以刚正不阿为鹄的或尽善尽美的动物。然而，虽然我们作为逻辑/语言动物可
能渴望得出关于在所有情况下什么对所有人都是公正和正确的结论性真理，
并且我们作为理性动物可能渴望精确的物理特性，让我们成为自然的主人和
拥有者，但我们作为尼采意义上诚实的动物，必须——如果我们要阐明与我
们诚实的本质相伴随的刚正不阿——放弃这样的最后结论和最终解决办法"
（White 2001：75）。对于怀特来说，这意味着作为"正直的/诚实的"动物，
我们必须"认识到永远有可能以不同的方式观察和命名"（White 2001：75）。
但这正是犬儒主义者试图证明的，通过他们的肉体，通过真理的朴素体现，
也就是，借用福柯的话，真正的生命总是另一种改变了的和正在改变着的生
命。它是一种认识到人类本性永远有可能改变的生命，一种抗拒或如怀特所
言，"需要坚决要求缺失完全可靠的稳固性或一致性"（White 2001：76）的

生命。

[17] 因此，犬儒主义者对自然生活的肯定，与尼采在《善恶的彼岸》第9节所批判的犬儒主义者所谓的遵照自然规律生活的告诫是迥然不同的。论犬儒主义中神、人、动物之间的等级颠倒的研究，请参阅 Goulet-Cazé 1996：61-64。

[18] 关于宗教创始人缺乏直言不讳的论述，亦可参阅尼采的相关著述（KSA 9：6 [229]）。

[19] "艺术中的直言不讳与实在主义无关！从本质上讲，艺术家的直言不讳与他们的力量（Kräfte）相抗衡：他们不想自我欺骗，也不想自我陶醉，这些对他们都不起作用，但是他们想要模仿（nachahmen）这种体验（Erlebniss）（实际的效果）"（KSA 9：6 [244]）。

[20] 仿效犬儒主义者，尼采反对耻感，认为耻感是约束和驯服人类本性的一种手段。关于犬儒主义和尼采思想的这个层面的联系，亦可参阅 Sloterdijk 1983。

[21] 关于尼采克服道义上的刚正不阿观念走向新的正义概念的研究，请参阅 Benoit 2012：100-103。尽管贝诺特承认英雄主义的尼采将刚正不阿与面对可怕的基本底稿自然人的勇气联系在一起可能会使我们联想到犬儒主义者的直言不讳，但他认为，尼采的刚正不阿源自文艺复兴时期的美德，尤其反映了马基雅维利的美德思想的清晰性，即知识与行动（即实践）密不可分地联系在一起。有人可能会说，理论与实践的不可分离性正是犬儒主义者所面临的危险，这与柏拉图的哲学观念背道而驰，柏拉图认为哲学是关于灵魂的真理的论述，灵魂需要从肉体的生命中抽离出来。从这个角度看，文艺复兴时期的德性观念可以在犬儒主义的哲学实践中找到其先兆；就这一点来说，亦可参阅福柯的相关著述（Foucault 2011）。遵循犬儒主义的思路，尼采主张人类复归于自然，作为通往自我认知的道路，这将导致对人类本性概念的重

构，而且这种自我认知和在共同体中与他人共同生活的后道德或超道德形式的出场是不可分割的。但贝诺特著文的主要目的是，阐明尼采思想中的刚正不阿，最好地反映了语言学家的美德，依他之见，阅读文本意味着"恰如其分地对待它"（lire justement），这需要解读和塑造文本意义的艺术（Benoit 2012：107）。贝诺特正确地指出，尼采文本中语言学家的形象与未来立法者的形象有着一种很强的亲缘关系：在这两类形象中，阅读的艺术代表着塑造意义的艺术，用锤子塑造意义的艺术（Benoit 2012：106）。因此，从语言学家的角度来看，公正地对待基本底稿自然人不仅需要正确地解读，而且需要恰当地塑造，即恰如其分地转换其意义。

[22] 对犬儒主义者的世界主义的肯定性解读，请参阅 Moles 1996。

第二章　超越人类中心主义的
人文主义

在前面的篇章，我已初步论证过如下观点：最近关于弗里德里
希·尼采自然主义的讨论，倾向于让它成为某种康德式方案的牺牲
品。依据这种康德式方案，对自然或人类本性的认识必须有赖于科
学的保驾护航，无论是从进化的、生物的类型事实来看，还是从道
德类型的历史发展来看，皆是如此，为的是把人导向合乎体统的、
有裨益的活动，这将引导人类走向超越人类的道德目的地。在本
章，我讨论卡尔·洛维特早期将尼采的自然人视为哲学人类学的一
个范例的解读（Löwith 1933）。我认为洛维特的文章应当被列入首
创性地将尼采的自然人的真正重要性与新康德主义的解释框架剥离
开来的队伍中。

洛维特研究自然人的致思路径并不涉及实证自然主义的理论问题（无论是自然科学的形式还是历史主义的形式），而是涉及人类的整个本性的（哲学）人类学问题。根据沃尔夫冈·里德尔的说法，这正是 20 世纪初激发文学人类学的同一个问题（Riedel 1996）。对尼采自然主义的新康德主义解释将人的问题与自然的问题分离开来，将尼采哲学的实践方面与理论方面分离开来。相比之下，哲学人类学和文学人类学的观点都认为，不能将知识（自然）问题与人类应该如何生活的问题分开，因为两者的基础都是人类作为一个鲜活的存在的自我认知问题，生命的意义既不能用生物学上的还原论术语（例如，遗传学）也不能用道德上的升华术语（例如，通过价值层次或道德法则）来捕捉。

哲学人类学的立场揭示了一些对自然人的自然主义解读过于片面的一些缘由。第一，由于对自然认识论维度的强调，自然主义解读有将人类贬低为纯粹的自然对象的风险，所以错失了知识的自我反思维度。第二，它们认为尼采的自然概念很大程度上来自 19 世纪的生命科学，因此没有充分考虑古希腊对尼采关于自然和生命的思想的影响。在 19 世纪的自然主义生命观中，自然指的是可以通过科学定律捕捉到的东西，而尼采认为，依照古希腊的自然观，自然意味着混沌。作为混沌的自然，既不可接近又不可确定，既具有创造性又具有生成性。在人类内部获得实现形变、转变和自我转变的非凡力量——我认为这是尼采的自然人以及让人类复归于自然任务的关键点，人类需要恢复自然产生和创造生命的创造力。

本章为洛维特的观点辩护，即为了回答尼采谜一般的术语自然

43

44

人的含义问题，我们需要哲学人类学的视角。然而，我认为，洛维特对人类本性的全面描述过于以人类为中心来解释宇宙万物，并且没有充分把握尼采的与其他生物生命构成连续统一体的人类生命概念。尼采生命哲学中的人类本性超越了哲学人类学的框架。米歇尔·福柯论及 19 世纪人类中心主义转向（Foucault 1990a：12）。对于这样一种人类中心主义转向，尼采表示反对。因此，尼采的哲学人类学必须考虑动物生命和植物生命在尼采哲学中的作用。自然的这些方面已经被文学人类学部分地捕捉到了。这一章说明了人类文化的创造性和生成性源于自然性，人类生命的动植物渊源是人类形变、生成与自我克服的创造源和生成源。

卡尔·洛维特与反自然人文主义批判

据我所知，洛维特在解读《善恶的彼岸》第 230 节时开了历史的先河。他的解读明确地将尼采作为自然人的人类概念与哲学人类学联系起来[1]。在 1933 年发表的一篇关于瑟隆·阿拜·克尔恺郭尔和尼采的文章中，他提出了这样一个论点，即由于克尔恺郭尔和尼采哲学成为哲学人类学已经达到相当的程度，以至于哲学的所有问题都集中在一个"基本问题"中：人是什么？洛维特认为，克尔恺郭尔和尼采通过两个"基本概念"表达了这个问题，即"生存"（克尔恺郭尔）和"生命"（尼采）（Löwith 1933）。就我的理解而言，洛维特哲学人类学的要害在于超越了康德对先验（homo）和经验（natura）进行的二分[2]。尼采与伊曼努尔·康德的区别在于，人并不超越于自然，而是内在于自然。出于同样的原因，自然对于尼采而言不再是一种纯粹的科学探索的对象，而是一种胜过人类知识的力量。当尼采谈到"生命"时，他既指的是人对于自然的内在性，又指的是人类自身之内所蕴含的自然所赋予的超越性力量。此外，康德的批判体系寻求定义知识之可能性的条件，这些条件为人类和自然科学提供了极为重要的基础，而克尔恺郭尔和尼采哲学以实验心理学的形式成为哲学人类学，这是一种由生命哲学家的自我实验产生真理的实验心理学（Löwith 1933：43）。哲学人类学撤回了哲学追求绝对真理的立场，但对于洛维特而言，这种退却也宣告了一个新的开始[3]。

依照洛维特的观点，在尼采的书中，这个新的开始来自对基督教世界观及其蔑视生命的道德观的克服。尼采批判了基督教对人类生命的解释，将人性重新定义为"自然的人性"（natural humanity），将人类重新定义为自然人。洛维特坚持认为，尼采基于人类之所是和人类之意义何谓之间的区别来质疑基督教道德。洛维特通过讨论罪恶的例子说明了这一区别：对于人类而言人类的有罪感是什么以及对于作为基督教徒的人类而言有罪感意味着什么。前者指的是罪恶的"自然存在"，而后者指的是对什么是罪恶的"道德"解释。这个区别与事实和解释之间的区别并不一致，对尼采进行自然主义解读似乎暗示了这一点[4]。毋宁说，它假定

> 一种人类之自然维度的概念（natürlichen Begriff），一种人类之自然维度中"人"（menschlich）究竟何指的概念，因

46

为"人"的这个层面——以人类特有的方式（auf menschliche Weise）——是自然性的，人类的这种自然的人性（natürliche Menschlichkeit）被尼采模棱两可地（vieldeutig und unbestimmt）称为"生命"。（Löwith 1933：59－60）

对于洛维特而言，尼采的"生命"是一个"模糊和不确定的"术语，表示人类的"自然的人性"。生命不能被简化为生物或有机体，譬如对尼采进行自然主义解读，其中自然就被理解为可以用自然科学的话语进行阐释的经验性既成之物[5]。这就是在尼采中回答人类本性问题需要哲学人类学而不是知识论的缘由。从哲学人类学的角度来看，"生命"只能在人类在世界上的生活体验的视域内被理解。此外，对自然世界的认识，包括对人的自然性的认识，只能在人的自我认识（包括人作为自然存在的自我认识）的范围内产生。这可以解释为什么洛维特提到"生命"、"人"、"自然"和"自然的"时都用上引号，表明这些概念是人类在世界上的生活体验的结构。洛维特认为，由于这些原因，罪恶不是自然生命或自然世界的现象。相反，罪恶只作为一种意识状态而存在，只作为罪恶的意识而存在，如此一来，对痛苦就可能有不同的解读方式。

　　与基督教对人类生命的解释相反，自然化的人类，正如尼采所设想的，不再询问它自身的生命和苦痛的"个中缘由"：

他不仅放弃了"根基"（Grund），还放弃了"意义"（Sinn），更广泛地说，放弃了"诠释"作为对意义的说明和注解（Einlegung und Auslegung）。他放弃了它们，因为他明白，客观地说，所谓人类存在的意义并不"持存"（vorhanden）。意义的存在只与人类对于自身的意义（was sich der Mensch bedeuten will）相一致。(Löwith 1933：60)[6]

这种对人类本性的"超越善恶"、无可褒贬的新定位，要求对生命的肯定和对命运的爱，这在尼采的同一者的永恒轮回中得到了表达。依洛维特之见，同一者的永恒轮回使人类复归于自然的永恒轮回中，因此构成了道德之"再自然化"的最后一步（KSA 12：9 [8]）。当洛维特谈到"自然的永恒轮回"时，他指的不是自然科学及其合规律性、因果关系等理念所分析的"自然世界"。值得注意的是，依尼采之见，自然界中没有成规："让我们当心不要说自然界有规律性。自然界中只有必然性"（GS 109）。在这句格言的语境下，自然界的必然性并不意味着一种决定论的世界观。而毋宁说，自然界是混沌天成的："不存在发号命令者，不存在唯命是从者，不存在忤逆僭越者"（GS 109）[7]。故而，尼采的必然性是将人类从决定论和宿命论的自然概念中解放出来，而不是与它们成一丘之貉。

依尼采之见，道德的自然化，就像历史的自然化一样，以自然的去神化为前提："什么时候上帝的阴影才不再笼罩着我们？我们什么时候才能拥抱完全去神化的自然！我们什么时候才能开始用一种纯净的、新发现的、新救赎的自然方式使人类自然化呢！"（GS 109）洛维特将"去神化的自然"理解为对意义、命令和含义的摒弃。洛维特将自然视为"与意义无涉的纯粹存在"（Sinnlosigkeit eines puren Daseins），由此，我认为洛维特的这一理解是把"与意义无涉的纯粹存在"层面的自然视为自然界混沌的一面："混沌出自然"（KSA 9：21［3］)[8]。在我看来，从"道德的枷锁"中解放出来并不是通过对生命的生物学和心理学解释来实现的[9]。对于人类而言，解放是对与意义无涉的、作为无拘无束之混沌的自然的肯定和爱。对存在之意义无涉的肯定和热爱促成了人类的转变：一个罪孽深重的人变成了一个渴求的人，某种"道德律令上的生存"（moralische Existenzveifassung）变成了一种"浑然天成的生命"（natürliche Lebensverfassung）（Löwith 1933：61）。

然而，依洛维特之见，尼采留下了以下问题：什么是人类独特的"自然"，以及什么区分了"自然的"人类生活？尼采关于自然人和人类的"自然性"的概念在很大程度上仍然是挑起论战的、反应性的，并最终囿于与基督教道德世界观的对立。尼采着手破译了"许多徒劳无功的、过于热情的（schwärmerischen）诠释和内涵（Deutungen und Nebensinne）"背后的"永恒的基本底稿自然人"（BGE 230）。然而洛维特的结论是，尼采并没有对人类自然性做出一个积极的定义。尼采的人类自然性概念仍然是模糊的、不确定的，在对人类之纯粹的自然主义和生理学的解释与对世界的一种道德的/非道德的解释之间摇摆。

洛维特哀叹尼采只给出了几个历史例子，来说明他所谓的自然的人性究竟何指：古希腊和文艺复兴时期的人类，以及一些来自现代的个别典范，如歌德和拿破仑。但是，对于洛维特来说，这些例子不足以提供一个完整的哲学人类学；它们没有回答人类本性问题。让洛维特感到遗憾的是，尼采在对人类本性的探索中没有发现一个真正可供栖居的"灵魂的新大陆"（Löwith 1933：64)[10]。

在关于克尔恺郭尔和尼采的文本的最后部分，洛维特分享了他自己对人类的自然性和未来哲学人类学特征的思考。他认为，当我们问什么是"人，以其自身的人类方式是自然的（überhaupt menschlich und auf menschliche Weise natürlich）"时，必须同时存在着某种"总体的人类"（allgemein menschlich）和"自然"之物，因为它必须与人类本质的总体本性（allgemeine Natur des Wesens des Menschen）相关。洛维特补充说，"总体的"（allgemein）一词必须从历史观点上理解，因为人类的自然性，作为某种人类自然性，是历史性的：

> 人类的自然性，作为某种人类自然性，亦有其历史性（Geschichtlichkeit）。对于人类来说，什么是自然的，只有在人类总体（was überhaupt menschlich ist）的基础上才能出现（hervorgehen）和被理解。（Löwith 1933：64）

50 尽管洛维特承认尼采和克尔恺郭尔为一种新的人类概念开辟了道路，但最终解决人类的自然性问题的任务现在落到了未来的哲学人类学之上。

洛维特以对政治的暗示结束了他的解读，作为对人类本性问题的回答，作为人类生命和存在的总体方向。他指出，克尔恺郭尔和尼采都从政治的重要性角度结束了他们的写作生涯，克尔恺郭尔呼吁"神圣世界政府"（göttliche Weltregierung）的涌现，而尼采宣布"伟大政治"的到来："随着这些作为个案的政治上突发事件的出场（politischen Ausbrüchen aus ihrer Vereinzelung），两位作者都论证了某种彻底的、非凡的存在是内在地不可能的——无论是

'上帝'抑或是'虚无'"（Löwith 1933：66）。在洛维特的解读之后不久，汉娜·阿伦特（Hannah Arendt）与列奥·施特劳斯在克尔恺郭尔和尼采的哲学人类学中都拾起了这些直觉力，将政治作为人类与他人在共同体中生活的显著特征（Arendt 1958；Strauss 1983）。虽然我完全赞赏洛维特以自己的标准对尼采哲学人类学的不确定性所做的评估，但我认为有充分的理由来解释为什么尼采的人类问题仍然是开放的，为什么没有提供一种系统的哲学人类学[11]。我将在第四章和结语部分进一步探讨尼采关于人类本性的非本质主义思考的这一维度以及他的哲学人类学的政治维度。我认为，尼采的哲学人类学和自然人概念是生命政治后人文主义的变体，而这些为一个肯定性的，人类、动物、植物和其他生命形式之间的生命共同体概念提供了基础。

51

动物生命的再生

尼采从一个新近复原的希腊的自然概念的角度重新认识了人类本性，根据这个概念，动物生命和植物生命是人类生命的组成部分。因此，尼采的哲学人类学是明显的反人道主义的（和后人道主义的），因为它解构了现代的宇宙观，而这种宇宙观是围绕着人类作为理性和道德主体的概念来进行阐释的[12]。因此，尼采将自然人概念作为"基本底稿"不应该被误解为"人类学绝对论"的一个例证[13]。毋宁说，尼采在人类本性的"许多徒劳无功的、过于热情的诠释和内涵”背后洞察到的是作为其文化源泉的人类的动物性，而如若人类意欲过一种“更自然的”生活的话，这种动物性恰是需要被用心培植的[14]。尼采认为“动物的残忍”甚至活跃在哲学家对真理的追求中：知识探求者作为“残忍的艺术家和变形者”而“获胜”（walten）（BGE 229）：“在所有的欲望中都有一丝残忍”（BGE 229）。在人作为先验知识主体的人文主义观念的背后，尼采寻回人的动物性，这是人的创造力的源泉：作为人类之源，“以其自身的人类方式自然似地存在”，在此，我借用的是洛维特的表述（Löwith 1933：64）。

52　　　需要指出的是，尼采在《善恶的彼岸》第 229 节所采用的动物性概念，既不是凭借对生物学生命的一种达尔文式的描述而产生的，也不是依据对道德的自然史进行考量而产生的。依据道德的自然史，动物性仅仅是需要被“压制”和“约束”的东西，以使“人类”与“文明”相宜（Brusotti 2013）。通过对比，尼采认为动物性对于他将人类文化理解为自我陶冶起着关键作用。依照尼采的文化哲学，人类文化生产力源于动物的残忍。人类的文化是一种渴望“美妙的喀尔刻（Circe）的辛辣药剂”，“残忍”（BGE 229）。喀尔刻是形变女神。她有改变人类形体的力量：“真理是喀尔刻。——错误使动物变成了人；真理也许能把人变回动物吗？”（HH 519）通过提出自然人的真理，尼采试图把人类变回产生文化的动物。这需要我们改变看待残忍的方式：“几乎一切我们称之为‘高等文化’的，都基于对残忍的精神化和深刻化——这是我的命题；那种‘野性的动物’从来没有灭绝过，它活着，它欣欣向荣，它只是把自己神化了"（BGE 229）。

根据尼采的说法，由于对"野性而残忍的动物的恐惧"，对痛苦之生产能力的洞察是尚未被说出的真理之一：

> 在后来那些对人性可以感到自豪的年代里，遗留着这么多的恐惧，这么多对"野性而残忍的动物"（人性年代的那种自豪正是来自对这些动物的征服）的迷信般的恐惧，以至于一些触手可握的真相甚至长达几个世纪一直未被道出，宛如有了约定，因为这些真相貌似会帮助那种野性的、终于灭绝的动物重新活过来。（BGE 229）

在这些引语中，尼采将"野性的动物"、"野性而残忍的动物"和"高等文化"都加了引号，表明它们是建立在人类偏见和虚妄之上的人类文明的错误观念。它们是基于一种信念的误解，即人类比自然"更多""更高"，这是一种需要"被精通"的信念。斟酌一下《善恶的彼岸》第 230 节：

> 让人类复归于自然；日益明了迄今为止在那个永恒的基本底稿自然人之上潦草涂画的许多徒劳无功的、过于热情的诠释和内涵；为了确保人类从今以后以如下姿态站立在人类面前，就好像他经过严格的科学训练（Zucht der Wissenschaft）之后已变得坚定，而站立在其他形式的自然面前那样，两眼像俄狄浦斯的眼睛那样勇敢无畏，双耳像奥德修斯的耳朵那样紧紧塞住，对旧形而上学的捕鸟者的塞壬之歌充耳不闻，这些捕鸟者的引诱声已在他耳边响了太久："你拥有的更多，你的地位更高，你的出身与众不同！"（BGE 230）

对于尼采而言，将动物描述为"野性的"和"残忍的"牵涉到某种更大的统治与控制战略，基督教道德试图借此确立超越自然性和动物性的"更高"的人性。因此，我同意洛维特的观点，尼采的人的自然性概念是他对基督教世界观和道德的更普遍的批判的一个组成部分。但我要补充的是，尼采希望通过将人类复归于自然来克服基督教道德中对人类动物性的否定（正如我在第三章所论及的，对身体的否定）。

54 　　劳伦斯·朗佩特（Laurence Lampert）指出，尼采反对基督教否认痛苦是生命的一个基本方面；"在一个把同情和消除痛苦作为社会和国家的最高目标的时代，尼采提倡痛苦（残忍）！"（Lampert 2001：223）根据朗佩特的说法，"残忍属于我们作为动物物种的本性，需要加强，以使我们的物种得到加强"（Lampert 2001：225）。虽然我同意朗佩特关于尼采对现代社会及其享乐主义的批判，但他对残忍的解读（他将残忍等同于人类的痛苦）仍然是以人类为中心的。对于朗佩特和马尔科·布鲁索蒂而言，动物性只是为培养某种更高层次的人类提供了原材料。因此，这一观点承认虐待动物在道德的自然史中起着作用，但并不认为动物性本身就是一种价值来源。然而，依照尼采文化哲学的见解，"残忍"和"痛苦"是富有成效的，需要加强，不是因为它们保存了人类物种，而是因为它们摒弃了人类中心，正因如此，增强了人类自我克服、自我变革的能力。从这个意义上说，尼采对人的自然化反映了一种超越人文主义和人类中心主义的行动。

　　尼采将迷信和恐惧视为文明及其对动物生命与自然的统治的症

状。我把尼采在《善恶的彼岸》第 229 节对迷信和恐惧的论述视为尼采让自己远离启蒙运动的人文主义与科学主义的一种方式[15]。尼采深知启蒙运动的辩证法，但拒绝了它不惜一切代价追求知识、追求"客观的"真理的冲动。他回忆说，希腊人"知道如何生活：要做到这一点，需要勇敢地停留在表层、褶皱和皮肤上"（GS"前言"4）。因此，尼采完全从 19 世纪生命科学的论述中获得了人类本性概念化的灵感，这是值得怀疑的。相反，他想把我们带回到希腊人以及他们对人类之自然性的思考，从而开启一种关于人类本性的新思考，即创造性的、变革性的、面向未来的思考。

遵照艺术的方式复归于自然

尼采将希腊的自然概念重现为"混沌"，并以重估"动物的残忍"为特征。这一重现可以通过将其置于 20 世纪初文学人类学中人类本性不断变化的意义中加以语境化（Riedel 1996）。提到尼采自然主义的文学背景似乎是有理由的，因为尼采提到了"可怕的基本底稿"（schreckliche Grundtext），即自然人。此外，尼采对这一"基本底稿"的理解似乎是通过他对希腊神话和悲剧的解释来促成的，我将在下文展开论述。然而，对于尼采来说，这些文学作品并不是一种高于其他文明的特定人类文明的表达（尽管对于古典主义而言是典型的）。相反，它们的意义在于它们表达了人类文化的起源或基础，即动物生命和植物生命。

56 沃尔夫冈·里德尔认为，19 世纪和 20 世纪初的文学现代主义起源于文学人类学的范式转变，这种转变反映了自然哲学、生物学和人类学之间的新格局。这种范式转变的核心是自然概念。19 世纪自然的概念化具有重大的人类学意义，因为它唤起了某种重新认识人类本性的迫切性。根据里德尔的说法，这种转变的主要症状是从"自然"到"生命"的概念转变（Riedel 1996：viii-ix）。这种概念转变证实了洛维特的哲学人类学观点，即尼采的自然哲学（Naturphilosophie）成为生命哲学（Lebensphilosophie）。

里德尔将这种从自然到生命的概念转变归因于生物学作为对自然的新认识的兴起[16]。但文学现代主义及其对人类本性的重新认识并不以文学与生物学的结盟为标志。相反，对于里德尔来说，这种发展表征了文学和自然哲学之间的一种新的联盟：当自然科学中发现的自然观念被文学吸收时，它就转变为"完整本性"的观念（Riedel 1996：xii）。换句话说，自然的科学观念通过自然哲学被文学挪用。正是由于文学和哲学之间的这种联盟，文学现代主义——我还要补充一点，哲学人类学——才得以保留一种非科学主义的（人类）自然观。

里德尔将文学人类学中这种新的自然概念追溯到阿瑟·叔本华的意志哲学，这解释了为什么其自然概念也是非理想主义的：

> 叔本华的自然哲学揭示了文学现代主义中诗意的自然观与同时代中自然科学（Naturwissenschaft）自然观之间的双重区别，也揭示了 1800 年左右自然哲学和文学中的自然观之间的双重区别。（Riedel 1996：xv）

里德尔将尼采的自然人置于更大的范式转变中：趋向于一种对人类 *57*
本性的非科学主义的和非唯心论的理解。尼采以希腊神狄俄尼索斯
来阐发"生物人类学与哲学情感史的交织见解"（Riedel 1996：
193）："早期希腊人对生育能力的狂热崇拜"体现了一种"真实的
并且更自然的人性"（Riedel 1996：186）[17]。

古希腊人关于"自然的人性"的观念源于自然是人类文化之基
础的观念[18]。在古希腊人中，尼采很容易找到证据证明人类是自
然人，其文化是自然所固有的。尼采在《荷马竞赛》的开头一段中
首次阐明了自然是文化（和艺术）的观点：

> 人类，在他的最高的、最好的力量中，蕴含着全部的自
> 然，并带有自然的不可思议的双重性质本身。它的那些可怕
> 的、被视为不人道的能力，也许确实是一片肥沃的土壤，单从
> 这里所有的人性（无论是感情中的，抑或是行为和工作上的）
> 都可以生长。（HC）

在尼采看来，人类文化是自然的内在因素，在某种程度上，人类所
谓的"自然的"和"人类的"特征被捆绑在一起，以至于无法截然
分开。他认识到人类的文化成就植根于人类的自然性。一些被认为
不人道和可怕的东西，实际上是人性生长的"肥沃"土壤。尼采将
自然的"可怕的"（furchtbar）含义转变为"肥沃的"（fruchtbar）
含义，这使他得以以希腊为例重申自然是文化生成的某种艺术性和
创造性的源泉。对于尼采来说，古希腊人预示着一种真实的并且自
然的人性，是现代人性的对立面："古希腊人是古代最富有人性的 *58*
人类，他们有一种残忍的性格，像老虎一样乐于破坏，当我们用软

弱的现代人性概念接近他们时，一定会让我们感到恐惧"（HC）。

在《悲剧的诞生》中，尼采通过日神阿波罗冲动和酒神狄俄尼索斯冲动的对立，阐明了自然界的不可思议的双重性，这反映了"自然界的艺术双重性"（BT 6）：

> 到此为止，我们曾把日神阿波罗以及它的对立面，酒神狄俄尼索斯，看作两种发乎自然，并无人类艺术家介入（Vermittelung des menschlichen Künstlers）的艺术创造力（künstlerische Mächte）——在这些力量中，发乎自然的艺术冲动（Kunsttriebe）获得了最恰如其分的、最直接的满足：——一方面是梦幻的影像世界（Bilderwelt des Traumes），它的完美（Vollkommenheit）无须依赖任何单一个体的智识趣味和艺术修养；另一方面是迷醉的现实（rauschvolle Wirklichkeit），它也是绝不指引单一的个体（Einzelnen），甚或竭力把个体摧毁，然后通过一种神秘的万类统一感来挽回他。对于自然的这些恰如其分的艺术境界（unmittelbaren Kunstzuständen der Natur）而言，每一个艺术家都是"模仿者"（Nachahmer），换句话说，他或者是日神阿波罗式的梦境艺术家（apollinischer Traumkünstler），或者是酒神狄俄尼索斯式的醉境艺术家（dionysischer Rauschkünstler），或者最终——例如在希腊悲剧中——即刻既是梦境的艺术家又是醉境的艺术家……（BT 2）

希腊的自然观之所以受到尼采的推崇，仅仅是因为它证实了更"普遍"的观点，即自然是艺术的。而且，只有模仿自然，也就是说，遵照自然的方式生活（犬儒主义者就是例证），人类才能以自己的方式重新变得富有创造力和学养。

在《悲剧的诞生》一书中，尼采第一次阐述了大自然的残酷。　*59*
尼采援引希腊人为例，这种人"天生深邃，能够承受最精致和最严
重的痛苦"，目睹了"大自然的残酷"："艺术拯救了他，经由艺术，
生命拯救了他——拯救了生命自身"（BT 7）：

> 深思熟虑的希腊人就以这种歌咏队来安慰自己。这种人的
> 特性是多愁善感，悲天悯人，独能以慧眼洞观所谓世界历史的
> 可怕的酷劫（furchtbare Vernichtungstreiben），默察大自然的
> 残酷的暴力（Grausamkeit der Natur），而且动不动就渴望效
> 法佛陀之绝欲弃志。艺术救济他们，生活也通过艺术救济他们
> 而获得自救。艺术拯救了他们，并通过艺术——拯救了生命
> （Ihn rettet die Kunst，und durch die Kunst rettet ihn sich-das
> Leben）。（BT 7）

正如尼采想象的那样，希腊人是自然人，而犬儒主义者和锡诺帕的
第欧根尼可能是成功地将人类复归于自然的最激进的例子。根据尼
采早期的解释，希腊文化颂扬人性的自然性，因此在艺术中，他们
可以摆脱"可怕的、破坏性的浩劫"带给他们的痛苦（BT 7）。而
对于"日后的欧洲人"（BGE 214）和尼采所言的"自由精神"
（BGE 230）而言，情况则并非如此。在他看来，他们生活在两千
多年的基督教所造成的文化衰落和颓废的时代，他们面临的任务是
重新创造一种文化，以克服基督教道德和文明所固有的对生命的
蔑视。

尼采区分了两种不同类型的痛苦。他在希腊神话和悲剧中所认

60 定的痛苦，是一种由文化的生成而释放出来的生命的丰富和充盈的痛苦。尼采对比了这种肯定的痛苦概念和那种现代类型的痛苦。现代类型的痛苦是由于生命力的匮乏而导致的，是一种虚弱和缺乏成效的痛苦。当尼采在《善恶的彼岸》第 230 节呼吁对残酷进行反思时，他倡导的是前者而不是后者。

洛维特指责尼采提供的这个自然人概念太易于挑起论战、太过不稳定，一方面过分热情地肯定希腊文化的伟大，另一方面又过分吹毛求疵地批判基督教。对于洛维特而言，由此，这一概念未能阐明关于"自然的人性"的更"总体的"观点。与洛维特相反，论者可以争辩说，在《善恶的彼岸》第 230 节，尼采确实提出了一个关于何谓人类的"自然"的"总体的"主张，即它探求知识和自我克服的动力。在《善恶的彼岸》第 230 节，这种克服表现为对人类本性的文明观念的克服。在"自然的"人类中，"精神的基本意志"，"它持续不断地向着显像和表皮意愿着"（BGE 229），被追求知识（Erkenntnis）、追求真理的相反驱动力克服。尼采的"自由精神"将动物的残忍与自身对立起来，追求真理的意志与生命意志对立起来，相信他们发现的真理或许"能够将人类变回动物"（HH 519）。只有这样，他们才能释放大自然的变革性和再生力量，使人类重新成为创造者和生命的艺术家，并且开创一个文化复兴的时代。尼采的文化并不意味着要战胜"残忍的野生动物"。相反，它需要克服

61 人类优于自然和动物的信念。对人类作为自然人的本质的洞察导致了人类转变的是其文明进程，而不是人类的动物本源[19]。这是一个重要的观点，表明人类文化转型需要的不是转变人类的自然性和

动物性，而是在其文明和所谓的"人性化"（BGE 242）过程中获得的"第二天性"，尼采将其与基督教和更宽泛意义上的宗教联系在一起（TI"改善者"）。

复苏植物生命

在尼采的文化哲学和动物性哲学的背景下，洛维特关于人的"自然性"的观点显得过于人道主义和人类中心主义。洛维特对尼采哲学人类学的描述需要辅之以对动物性的肯定，其中包括尼采赋予人类动物性的文化价值。然而，还有另一种形式的非人类生命，在尼采作为自然人的人类概念中危如累卵：植物生命和人类作为一种植物的观念。注意"zurückübersetzen"（复归）一词在德语中的双重含义："再次转化"和"重新种植"：《善恶的彼岸》第 230 节揭示的不仅是人类的动物性而且是人类的植物性。纵观《善恶的彼岸》全书，尼采不仅将人视为某种动物，而且还将人视为"人类植物"（BGE 44），一种从自然生长的土壤中被连根拔起的植物[20]。尼采赋予未来的哲学家一项具有挑战性的任务，即再现人类迄今为止生长得最远、最高的植物生长条件（BGE 44）。因此，将人类复归于自然，不仅意味着发现和恢复人类的动物性、本能和自然驱动力，人类已经与之疏远，还意味着将已经被文明进程连根拔起的人类植物重新种植到其"自然"土壤中[21]。因此，正如迈克尔·马德（Michael Marder）所言，尼采需要站在那些试图克服"人类在自身和植物之间竖立的障碍"的思想家的最前沿（Marder 2013：5）。

据我目力所及，"复归"一词的双重含义："再次转化"和"重新种植"在探讨尼采自然人之意义的学术界中，迄今为止尚未被注意到。相反，重点主要放在第 230 节的文本隐喻上，在其中，辨认、破译"基本底稿自然人"被比作诠释某种具有多重意义的复写本[22]。有趣的是，在法语版的《善恶的彼岸》中，"让人类复归于自然"（Den Menschen nähm-lich zurückübersetzen in die Natur，BGE 230）这句话被译为"把人重新种植到自然中"（Retransplant-er l'homme dans la nature；转引自 Kofman，1983：135）。不幸的是，莎拉·考夫曼详细引用了这段话，但并没有注意到在法语翻译中的这种细微差别——这是一个具有讽刺意味的错误，因为她坚持认为在尼采哲学的自然人中诠释具有首要的地位。根据考夫曼的说法，论及自然人，尼采并没有假定存在的某种原初底版，或者假定一个独立于解释的真理的原始文本[23]。作为对考夫曼的补充，我认为，为了充分理解权力意志作为一种诠释艺术的意义，我们需要承认人类中的植物生命的变革性力量。

在《善恶的彼岸》第 230 节，尼采提出了一个关于什么是与知识驱动有关的人类自然的总体主张，他在这里称之为"精神的基本意志"（Grundwillen des Geistes）。融会贯通的能力是这种"基本的"意志形式的主要特征之一：

> 精神占用异质成分的能力表现为它倾向于融合新旧事物，简化杂多事物，视而不见或拒斥任何绝对自相矛盾的事物——就像它不由自主地强调异质事物、"外在世界"任一部分中的

某些特性和脉络，为了适合它自身而润饰和篡改所有的方方面面。这一切都是为了吸收新的"体验"，将新生事物归入旧的秩序中——总之，就是成长——或者，更确切地说，其目的就是感觉到成长，感觉到力量的增强。

这同一种意志还有一种截然不同的强烈欲望可资利用：一种突如其来的、喷薄而出的对无知的偏爱，对深思熟虑的排斥的偏爱；突然紧闭心扉，内在地否定林林总总的事物，拒人于千里之外；一种对易知事物的防御状态；一种对默默无闻、孤陋寡闻安之若素的坦然；一种对一无所知泰然自若的接纳和赞许——所有这些都是必要的，与精神运筹帷幄的力量相称，打个比方来说，与它的"消化能力"相当——实际上，"精神"相对而言最类似于胃。（BGE 230）[24]

上述段落描述了人类与其环境之间的关系，这种关系基于两种相反的驱动力：一种是通过以增长和增强力量为导向的主导性合并来控制环境的驱动力，另一种是作为保护和保存手段的对一无所知泰然自若的驱动力[25]。尼采坚持认为，这些驱动力适用于所有自我生存、成长和繁殖的生物。尼采比较了这两种相反的驱动力的功能，以及它们与消化代谢环境的关系，并得出结论，相对而言，"精神"与"胃"最为相似（BGE 230）。尼采在第 230 节对"精神"和"胃"的比较有其背景，即在他关于人类的思想中，他更普遍地强调植物生命——营养、生长和繁殖——的关键属性的中心地位。

自亚里士多德以来，"精神的基本意志"的三个关键属性，即营养（融会贯通）、生长和生成的行为，都与植物生命联系在一起

64

（Marder 2013）。这些相同的属性对于尼采把生命理解为权力意志而言也是最重要的："假设所有的有机功能都可以追溯到这种权力意志，那么人们也可以从中找到生育和营养问题的解决方案"（BGE 36）。在尼采死后发表的笔记中，尼采称生命为"通过共同的营养过程相互联系的多种力量"，并补充说："我们称之为感觉，表征和思考的一切都是这个更普遍的营养过程的一部分"（KSA 10：24〔14〕）。在尼采关于权力意志的假设中，所有高等生物体和心理过程从未真正取代"植物灵魂的基本运作模式（modus operandi）"：即使在我们最高的努力中，在对真理的追求中，人类仍然是一株升华的植物（Marder 2013：40）[26]。

尼采随后展示了植物生命的属性是如何在人类身上表现出来的。正如他在第 230 节对"精神的基本意志"的解释一样，他声称人类的新陈代谢过程表现为创造形式的某种动力："人类是一种给予形体（formenbildendes）的生物……当你闭上眼睛时，你会发现一种给予形体的驱动力在人类内部持续活跃，它尝试了无数与真实事物不符的事物"（KSA 10：24〔14〕）。尼采作品中驱动力的创造性与尼采作品中作为梦境的生命主题相互呼应（D 119，312；HH 13；等等）。对于尼采来说，梦想是所有生物的基本动力，在某种程度上，活着意味着不断地创造、形成和改造所有生物的本性。这两个传统的主题（topoi）都描绘了人类被大自然的梦想穿越的性质[27]。尼采继续说："人类是一种创造节奏（rhythmen-bildendes）的生物"（KSA 10：24〔14〕）。在人类中，营养和融合的形成过程遵循着一种节奏，就像第 230 节所说的，即通过融合掌控环境的意

愿和通过非融合而对一无所知泰然自若的意愿。在《善恶的彼岸》
第 230 节，尼采声称，人类对知识的偏爱与所有生物的这两种基本
倾向相反，即要么占为己有，要么视而不见，在它们都正在被篡改
的情况下：

> 这种想要纯粹外观、决意简化、喜欢面具、善于伪装的意
> 志，简而言之，适合于表层的意志……与知识探求者精益求精
> 的爱好背道而驰。这样的知识探求者坚持深刻地、多维度地和
> 透彻地看待事物，并执意于某种凭理智做事者之良知和品味特
> 有的残忍。每一个英勇无畏的思想者都会承认自己身上有这样
> 一种残忍……（BGE 230）

然而，追求知识的意志与生命的两种基本倾向对立的事实，并不使
这种驱动力变得不自然或反自然[28]。相反，尼采认为营养和生殖
的代谢过程在人类身上表现为一种"抗拒的（widerstrebende）力
量"："人是一种抗拒的力量"，而"知识……是滋养的某种手段"
（KSA 10：24［14］）。从植物生命的角度来看，求知的驱动力反映
了人类组合、生长和繁衍的驱动力。

　　然而，尼采区分了两种滋养：一种仅仅使我们获得保存，另一 ₆₆
种则使我们获得转变。同样的区别也适用于知识和学习的过程：
"学习改变我们；它的作用和所有营养物质一样，不仅仅是'保
存'——正如生理学家所知"（BGE 231）。从植物生命的角度来
看，人类复归于自然产生了一种具有转变性力量和面向未来的滋养
性知识。这就是尼采向未来面临"究竟为何要有知识？"（BGE 230）
问题的哲学家传达的关键信息[29]。

植物本性的变革性的、再生的能力也区别于早期在《人性的，太人性的》中论及的一句格言。在第 107 节的一句格言中，尼采首次将人类生命与植物的生长和变革进行了比较，并预示了《善恶的彼岸》第 230 节的一个段落，在这个段落中，尼采迫使"自由精神"以如下姿态站立在人类面前："就好像他经过严格的科学训练之后已变得坚定，而站立在其他形式的自然面前那样"（BGE 230）。在《人性的，太人性的》第 107 节，尼采坚持认为，"他（人类）热爱一件自然的艺术作品，但并没有开口赞美它，因为它自己无功不受禄，如同他直面植物，所以他必须诉诸人类的行动"。在其他文本中，尼采做比较是为了表明，人并不高于自然，也不来自更高的超越自然的本源。

> 当知识探求者已经习惯于在责任（Verantwortlichkeit）和义务（Pflicht）中看到其人性（Menschenthums）的专利（Adelsbrief）时，人类对自己的行动及其本性（Wesen）完全不负责任（Unverantwortlichkeit），这是求知者不得不吞下的最剧烈的苦果。（HH 107）

人类作为植物的概念冒犯了人类，冒犯了人类的骄傲和虚荣，抑或是西格蒙德·弗洛伊德所说的"对人类自恋的三种冒犯"[30]。尼采第 107 节的格言巧妙地激发了弗洛伊德的洞察力：

> 正是个人对自我享受（Selbstgenuss）的唯一渴望（以及对失去它的恐惧）让某个个体（Mensch）尽其所能地行动，这种自我享受在任何情况下都能自我满足，也就是说，必须采取行动：无论它的行动是源于虚荣、复仇、享乐、功利、恶

意、狡猾，还是源于牺牲、同情、知识。（HH 107）

尼采很清楚，要接受这种对人类本性的新见解是很困难的，但是提供了一丝慰藉，即这种知识具有某种变革性和可再生的力量[31]：

> 这种痛苦是分娩的阵痛。蝴蝶想摆脱它的茧，它撕破茧，把茧撕开：然后它一度对未曾感受过的光芒、自由的国度感到目眩和困惑不解。只有感悟如此这般的体味，人类方能忍受痛苦（Traurigkeit）——第一次尝试旨在确认人性是否能将它自身从崇尚某种道义转变成崇尚某种智慧。（HH 107）

正如第 230 节所描绘的，这种转变需要将人重新植入自然。它需要"种植"新的评价习惯，并在"成长的知识"的影响下充分地开花结果，尼采将"成长的知识"与一种更自然的人性的智慧联系在一起（HH 107）。

在他的著作中，尼采强调"移植"（Verpflanzung）既是变革性的又是治愈性的。尼采区分了两种移植：一种是"草率地改变植物生长的位置（gedankenlose Verpflanzung）"（HL 2）的行为，这种行为会使植物与土壤疏离，于是紧跟着的是生长退化；另一种是"作为补救措施疗愈精神和身体（geistige und leibliche Verpflanzung als Heilmittel）"而进行的"位置改变"，它能够将整个地球转变为一系列"恢复健康的地方"（Gesundheitsstationen）（WS 188）。自然主义者把尼采对植物生命的论述解读为他自然主义心理学的证据[32]。与之相左的是，植物生命之变形能力的康复意蕴，使尼采得以举例说明追求真理的变革性力量。尼采邀请我们从后基督教道德（抑或非道德）的角度重新评估真理，这一角度与一种更自然的人性的智慧相关联。这一视角恢复了人类的自然性，使人类能够再次将自己转变为新价值的创造者，并借此探求对基本底稿自然人的诠释。

注释

[1] 这种解读与卡尔·雅斯贝尔斯的解读截然不同。雅斯贝尔斯认为人类学只不过是尼采思考人类问题的一个方面（Jaspers 1981：125）。

[2] 对于类似的观点，请参阅 Heit 2014。

[3] 亦可参阅 Jaspers 1981：123-169；Schacht 2006：116。

[4] 请参阅 Knobe and Leiter 2007。

[5] 请参阅 Leiter 1992。

[6] 在这里，洛维特对海德格尔进行了间接的批判。海德格尔通过存在赋予意义的活动来理解人类的存在。

[7] 论尼采的必然性，请参阅 Siemens 2015。

[8] 将自然视为混沌的研究，请参阅 Babich 2001、Granier 1977。

[9] 譬如莱特的路径（Leiter 2013：582）。

[10] 洛维特惋惜尼采走得不够远，而卡斯滕·哈里斯（Karsten Harries）则惋惜尼采走得太远："不再是另一个急于发现更好的欧洲的哥伦布……尼采现在以一个疯狂的发现者的形象出现，他梦想着在海浪下有一块失落的大陆，开始把他那艘船的木板破开"（Harries 1988：43）。哈里斯认为，《善恶的彼岸》第 230 节的"底稿"一词是一个矛盾修辞法："文本不一定是人类的产物吗？难道文本不是一种将根基妄称为权威的推测吗？我们在哪里可以找到一种像根基一样对我们发话的事物，它可以为我们的存在呈现出一种尺度？"（Harries 1988：43）。保罗·范·汤格伦提出了一个很好的观点来补充这一解读（van Tongeren 2014）。汤格伦认为凡是在尼采提出"底稿"之处，他都应

该接受某种替代性深渊的悲剧愿景。

[11] 请参阅理查德·豪伊（Richard Howey）从哲学人类学的角度解读尼采权力意志的相关著述（Howey 1973）。

[12] 我在这里有赖于罗西·布拉伊多蒂对后人文主义的定义（Braidotti 2013：13-54）。

[13] 请参阅 Sommer 2016：650-651；Brusotti 2014：129。

[14] 关于尼采的文化和动物性的研究，请参阅 Lemm 2009。

[15] 论尼采对启蒙辩证法的批判，请参阅 Adorno and Horkheimer 2002：44；Maurer 1990。

[16] 也许里德尔对"自然"和"生命"意义转变的分析，让我们得以缓解自然主义者和后现代主义者对尼采的自然人的解读之间的错误对立。他的分析表明，19世纪的生命科学和古希腊的自然观都对尼采思考人类本性问题产生了重要的影响。本书并不是要否定19世纪生命科学对尼采思考人类本性问题的重要影响。然而，我在一个生命政治框架内将这种影响专题化了。

[17] 因此，里德尔对尼采的自然人的诠释可以被解读为对内哈马斯的唯美主义（Nehamas 1987）和莱特的反唯美主义（Leiter 1992）的纠正。

[18] 关于希腊和罗马自然主义的文学与哲学来源的代表性探讨，请参阅 Lovejoy and Boas 1997。

[19] 我不同意詹妮弗·哈姆（Jennifer Ham）的观点（Ham，2004）。这种观点认为恢复动物性所需要的一切就是遗忘。这破坏了在将人类复归于自然中所隐含的自我克服、自我战胜的任务。

[20] 对尼采的植物哲学进行更广泛的讨论的研究，请参阅 Lemm 2016b。

[21] 关于宗教起源于农业的观点，请参阅 Sanford and Shiva 2012。

70

[22] 亦可参阅 Lampert 2001：230；Sommer 2016：651。

[23] 克里斯塔·戴维斯·阿卡帕拉（Christa Davis Acampora）和基思·

安塞尔-皮尔森（Keith Ansell-Pearson）支持莎拉·考夫曼的解读，因此，"我们最好将他（尼采）解读为，当涉及处理在永恒的基本底稿上潦草涂画的许多'徒劳无功的'和'充满幻想的'诠释时，需要心理和语言上的直言不讳。这些'徒劳无功的'和'充满幻想的'诠释掩盖了它们的本质，因为它们掩盖了这样一个事实，即文本，任何文本，都只是通过诠释才能廓清它的本来面目"（Acampora and Ansell-Pearson 2011：164 - 165）。

[24] 安德里亚斯·乌尔斯·索默从奥托·利伯曼（Otto Liebmanns）那里衍生出尼采的精神概念（Sommer 2016）。利伯曼的现实分析（Zur Anal-yseder Wirklichkeit）把它描绘成与环境相互作用的植物。索默还引用了安德里亚·奥苏奇（Andrea Orsucci）的观点，即《善恶的彼岸》第230节必须在当代生物学和生理学论述的背景下进行解读（Orsucci 1996：55 - 56），还追溯了路德维希·费尔巴哈对融会贯通和营养成分的比较。费尔巴哈推广了"人就是他们所吃的东西"的观点（Sommer 2016：653）。然而，索默没有将可能影响尼采将精神比作胃的当代生物学和生理学的论述与亚里士多德对生命的定义联系起来，特别是有生长力的生命，包括营养、生长和生成，这些也可能影响了尼采对人类本性的思考以及在《善恶的彼岸》中把人比作植物的各种比较。

[25] 关于尼采所论及的融会贯通的两种运动，请参阅 Lemm 2013。

[26] 亦可参阅乔纳斯（Jonas）关于新陈代谢和自由的论述（Jonas 2001）。

[27] 尼采关于梦与人类本性之间紧密关系的直觉随后被弗洛伊德证实。我将在第三章进一步讨论尼采的自然人概念和弗洛伊德的自然人概念之间的相似性。将生命视为某种梦境，亦可参阅福柯的论述："在梦中，一切都是'我'在言说，即使是事物和动物，抑或是遥远而陌生的物体，它们在幻觉中都占据着位置……做梦不是体验另一个世界的另一种方式，对于做梦的主体

来说，它是体验自己世界的根本方式”（Foucault 1993：59）。

　　［28］请参阅 Lampert 2001。

　　［29］在《善恶的彼岸》“我们的美德”一章，尼采以“日后的欧洲人”（BGE 214）的名义发言，他们可能会完成将人类复归于自然这一“奇怪又艰巨的任务”。为了使他的未来读者“自然化”，在《快乐的科学》的“恶作剧、狡黠和雪耻”一节，尼采进行了某种使他的未来读者“自然化”的尝试：用德语押韵的序曲中，尼采开玩笑地建议他的未来读者必须有“强壮的牙齿”和“良好的消化能力”（GS 54）。他们必须像猛兽一样有“坚固的牙齿”，他们必须像植物一样有“强壮的胃”。

　　［30］哥白尼的宇宙论、达尔文的生物学、弗洛伊德的心理学都表明“自我不再是它自身的主宰”（X：355），此引用亦可参阅 Binswanger 1947：188。

　　［31］另见尼采批判性历史的概念（HL 2），在那里他提供了类似的慰藉。

　　［32］请参阅 Leiter 2002。

第三章　精神分析学和人类
本性的解构

　　在《敌基督者》第 14 节，弗里德里希·尼采宣称他已经"改变了"思考人类本性的方式，他已经将人类"往后回溯到动物中"（A 14）。最近的学者将这句格言解读为尼采坚持人类本性的自然主义观点的证据，这是达尔文主义的观点，属于 19 世纪生命科学的范畴[1]。在这个生物学和进化的话语中，自然史意味着生命形式的生物进化的历史。与此观点相反，在本章，我认为，通过将"人类重新置于动物之中"，尼采并不打算采用生物进化的科学概念来取代 19 世纪发展起来的历史决定论（社会和文化现象由历史决定）[2]。相反，对于他来说，人类的再自然化与历史的再自然化是携手并进的[3]。尼采询问的是自然人的发现对我们的历史自我理解造成怎样的影响。人类的"复归于自然"和"再自然化"对于我们理解历史究竟意味着什么？我的假设是，尼采探求这个问题的两个可能答案：第一，"自然史"的书写必须以记录在真实身体上的历史为依据，而不是以虚构的事物为依据；第二，这种"自然史"揭示了一种实质上参与文化（自我）转变的人类本性概念，并因此克服了文化与自然、人类与动物之间的错误疏离。

米歇尔·福柯在其《尼采、系谱学和历史》（"Nietzsche, Genealogy, History"）一文中极好地界定了这些假设中的第一个（Foucault 1977）。众所周知，在那篇文章中，福柯说，尼采对历史知识的贡献在于，拒绝了对"起源"的探索，用系谱学的实践取代了它。系谱学的实践通过将注意力转移到身体来发现话语的"起源"（Herkunft）和"涌现"（Entstehung）：

> 系谱学家需要历史来消除起源的嵌合体……他必须能够认识到历史的事件，它的震撼、它的意外、它的摇摆不定的胜利和令人不快的失败——所有起源、返祖和遗传的基础。类似地，他必须能够诊断身体的病症，诊断它虚弱与强壮、故障与抗力的实情，以便能够评判哲学的话语。历史是生成的真正身体（l'histoire, c'est le corps même du devenir），伴随着它激烈的时刻、它的消逝、它长期的狂热的激动和它的昏厥；只有某种形而上学者才会在遥远的、虚构的起源中寻找它的精神状况。（Foucault 1977：144–145）

起源问题的系谱学方法以身体和历史之间的类比为前提，以打破起源（Ursprung）的形而上学统一性，将其分为涌现和起源两种系谱

74 　模式。当历史按照世系的形态来书写时，它的作用是显示本质或必然性对事物、秩序和价值的每一种归因的偶然性。福柯假定，对起源的分析可以向我们展示价值的偶然性，因为起源与身体有着特殊的联系。起源标明了"历史的开端"的这一层面，其中历史和身体之间的联系最为重要：

> 身体——以及触及它的一切：饮食、气候、土壤——都是起源的领地。身体显现出过去经验的印记，也产生了欲望、弱点和错谬……身体是事件的铭刻面（由语言描绘，由思想消解），是抽离的自我（接纳实体统一的错觉）的基座，是一部永久解体的卷册。系谱学，作为一种对起源的分析，因此处于身体和历史的链接之处。它的任务是揭露一具完全被历史烙印的身体以及历史对身体的毁灭过程。（Foucault 1977：148）

然而，在《尼采、系谱学和历史》一文中，福柯并没有提到自然人问题。也许正是因为这个原因，他没有涉足关于人类历史本质的第二个假设。第二个假设涉及文化与自然、人性与动物性之间的连续性。在这一章，我将指出，不是福柯，而是存在主义精神分析学家路德维希·宾斯旺格，通过将历史的实体性与其在动物生命和植物生命中的预设联系起来，最接近于解决了自然人与一种超越了文化和自然之二元论的新自然史概念之间的关系。

　　有趣的是，福柯的一个重要的早期文本致力于宾斯旺格的精神分析方法，并提出了一个支持性的解释（Foucault 1993）。正如第

75 一章讨论的康德人类学，福柯声称他自己的目的是"宣布欧洲历史上我们在 19 世纪中已瞥见的人类学和人文主义插曲的第一次恶化"

（Foucault 1994a：502；1996：16）以及"定义一种排除所有人类主义的分析方法"（Foucault 1990a：16；Han-Pile 2010：133）。福柯似乎认为他与宾斯旺格的精神分析方法论有着共同的目标。在他的《路德维希·宾斯旺格的〈梦想与存在〉导论》（*Introduction to Ludwig Binswanger's 'Dream and Existence'*）中，福柯认为他已经在宾斯旺格当代人类学中的"坦途"之中找到了这样一种分析的例子（Foucault 1993：32）。在导论的开头，福柯对宾斯旺格的存在主义分析做了如下初步定义：

> ……人不过是现实的、具体的内容，本体论将之解析为此在（Dasein）的先验结构、面向世界的先验结构。因此，这是对任何一门属于实证知识、实验分析和自然主义反思类别的关于人类事实的科学的最重要的反对，这一反对并不意味着人类学对于某些人来说是一种先验形式的哲学思辨。探究的主题是人类的"事实"，如果一个人通过"事实"来理解，不是着眼于自然宇宙的某个客观部分，而是致力于某种存在的真实内容。这种真实内容是活着的，是体验着的，在一个既有自身筹划的充分性，又有自身处境的"要素"的世界中，它认识到自己或迷失自己。人类学可能因此称自己为一门"事实的科学"，通过严格的方式发展面向世界之存在的内容。因为它既不是哲学，也不是心理学，因为不能把它定义为科学或思辨，因为它既不像是肯定的知识，也不提供先天认识的内容，所以乍一看就拒绝这样的探究会忽略了这个筹划最重要的含义。（Foucault 1993：32）

76 在本章，我借鉴了宾斯旺格把人类本性视为尼采和西格蒙德·弗洛伊德著作中的自然人的思考，为的是说明宾斯旺格所言的"筹划之最重要的含义"：重构"存在的真正内容，这种存在本身就存在于"它的具身化的体验中并且先于任何"文明"，先于人类和动物之间的分化。我建议对《敌基督者》第 14 节进行不同的解读，以揭示为什么尼采（以及弗洛伊德）关于人类复归于自然的筹划，不反映一种以自然科学和非历史自然观为开端与终点的人类本性概念。我的论点是，尼采和弗洛伊德用自然科学来解构人类优于动植物的文明典范。然而，当尼采和弗洛伊德从动物与植物中重建人类本性的时候，他们都把自然科学搁在一边，因为自然科学无法解释宾斯旺格所言的"生命的内在历史"（innere Lebensgeschichte）及其文化生产力（Binswanger 1947：167）。人类具身化存在的"内在历史"成为理解尼采自然史思想的关键。

宾斯旺格承认，尼采和弗洛伊德在研究人类本性时都采纳了自然科学的观点：弗洛伊德的自然人是一种"真正自然科学的、生物心理学的观点"（Binswanger 1947：166）[4]。然而，宾斯旺格也认为，他们这样做是为了解构形而上学的、道德和宗教上的人类本性概念。因此，采用自然科学的观点是出于战略原因，而不是作为某

77 种目的本身[5]。宾斯旺格坚持认为，尼采和弗洛伊德通过揭示文明建构的文化人（homo cultura）所隐藏的自然人，不懈地努力消除人类的自负和伪善（Binswanger 1947：161）。对于宾斯旺格来说，尼采和弗洛伊德之文明的批判是他们自然主义的主要成就与优点之一。在我看来，在《敌基督者》第 14 节利害攸关的正是尼采之文

明的批判中所部署的对人类的科学解构。

自然人是一种新发现的本性，它的发现需要对历史进行解构，以便将所有目的论、神学和神义论从其发生中剔除。这种解构的目标是重新获得一种"更自然的"历史观（HL 10），允许对人类有一种不同的和全新的自我理解。我将在本章的第一部分讨论尼采之文明的批判和对历史的解构的关键要素。

虽然宾斯旺格坚持弗洛伊德和尼采研究人类问题所采用的方法的科学性质，但他小心翼翼地避免重新落入自然主义和科学主义的人类本性概念的窠臼，这些概念将人类视为某种自然客体。当宾斯旺格坚持弗洛伊德对人类本性的研究需要用尖锐的科学术语来理解，并反映了自然科学家的观点时，或者当尼采在《善恶的彼岸》第 230 节调用"科学训练"作为研究人类本性的有利条件时，这并不意味着尼采和弗洛伊德发展某种"人类学绝对论"或还原论的自然主义[6]。他们对人类本性的研究并不植根于自然科学的"真理"。这种自然科学的"真理"认为，人们可以解释某种类型的人如何以及为什么会产生某种价值观和思想，就如同"人们可以通过了解一种树的果实来判定它所属的特定类型"（Leiter 2002：10）。对于宾斯旺格来说，尼采和弗洛伊德研究的是"生命的内在历史"，即人类具身化存在的历史，而不是经验身体的"功能性"（Lebensfunktionen）（Binswanger 1947：167）。尼采和弗洛伊德的人类学灵感来自人类的肉身性（Leiblichkeit）和作为一个鲜活的有机体之生命力（Vitalität）的发现（Binswanger 1947：168）。尼采和弗洛伊德欣然接受查尔斯·达尔文在生物学领域掀起的革命，因为他们赞成对人类本性的科学研究需要从承认人类是一种"动物"（animalische Kreatur）开始（Binswanger 1947：184）。通过对"古老的植物"（urpflanze）的科学观点和弗洛伊德关于自然人的观点进行有趣的比较——这两个观点旨在阐明有机生命的生产性本质，宾斯旺格还将上述理解延伸到植物生命（Binswanger 1947：164）。宾斯旺格赞许地引用歌德对植物形变的描述作为他自己对人类本性的文化转变的思考的类比（Binswanger 1947：178）。

宾斯旺格将尼采和弗洛伊德对人类的肉身性、生命力的思考同科学主义与还原论的自然主义进行了区分。宾斯旺格警告自然主义心理学的危险，因为它产生了人类的片面化的形象：

> 如果身体（Leib）和它的需要（Bedürfnissen）是对人类的完整本性（Ganze des Menschseins）的判断，那么，人（Menschenbild）的形象就成为"片面的"，并且是在本体论上被篡改的。那么，人类只有作为一个身体，也就是说，它所经历的、感受的、痛苦的、渴望的，才被认为是真实的和准确的（wirklich）。也就是说，只有人类在身体里和身体上的感觉，它通过身体感知的东西，或许它用身体表达的事物才被认为是真实的和准确的。其余的一切都不可避免地变成了"过剩品"（Überbau），亦即"伪造品"（Erdichtung，尼采语），提炼品/升华物（Verfeinerung）以及幻觉（弗洛伊德语）或者对立物［克拉格斯（Klages）语］。（Binswanger 1947：169）

与还原论的自然主义相比，尼采和弗洛伊德把人的身体置于作为一个有生命的人的（自我）体验的视野内。这是宾斯旺格理解尼采和弗洛伊德所探究的人类本性的一个重要方面。他与卡尔·洛维特都把尼采哲学视为哲学人类学。洛维特与宾斯旺格都发现尼采和弗洛伊德有某种自然主义思想，这种自然主义聚焦于人类作为意义创造（洛维特语）和文化创造（宾斯旺格语）的生物的（自我）体验的问题。身体的哲学思想是尼采和弗洛伊德自然主义的一个方面，他们的自然史概念并没有被对自然人还原论的和科学主义的解释捕获，对此我将在本章第二部分展开讨论。

对于尼采和弗洛伊德来说，使用自然科学不足以使人类复归于自然，因为对于他们而言，关于人类的知识能力的问题（Erkenntnisfähigkeit）并没有详尽讨论关于自然人的问题，康德认识论的情况就是这样。宾斯旺格不同意布莱恩·莱特的主张，即"尼采想要为知识确立一个适当的起点"（Leiter 1992：279）。对于宾斯旺格来说，尼采和弗洛伊德主要关注的是人类的文化能力："对于弗洛伊德来说，基本问题是人类的文化能力扩展到什么程度"（Binswanger 1947：163）。对人类本性的严谨、科学的解构，以及尼采和弗洛伊德共同强调的人类身体研究的重要性，并不是尼采和弗洛伊德复归于自然人的唯一显著特征。宾斯旺格解释道，对人类的解构并不是弗洛伊德和尼采之文明的批判的终点。毋宁说，它为他们所说的人类自然性的复归做了准备。用尼采的话说，这是人类的再自然化（GS 109；KSA 9：11 [211]）。再自然化是尼采和弗洛伊德文化更新这一更大筹划的核心。因此，如下假设是错误的，即自然科学对人类本性解构的最终产物已经囊括了尼采的人类的自然性概念，自然主义者的解读得到的正是这种错误的暗示。

尼采和弗洛伊德的"再自然化"与文明筹划所关联的人类的"人性化"是截然相反的（BGE 242）[7]。着眼于再自然化问题有赖于某种文化生产力理论，一种超越科学解构极限的文化生产力理论，它需要对人类本性进行诠释性的、历史性的哲学重建。我将在本章的第三部分对此进行讨论[8]。这种重建的挑战不仅在于让人们了解我们作为人类之所是，更重要的是，为人们提供一个我们究竟还可以变成怎样一种别样的自己的愿景。我称之为一个变革型的自然史概念。宾斯旺格利用尼采关于超人的观点来阐明人类生成的观点，他发现弗洛伊德缺失这一方面的理解。

在本章的最后部分，我表明，宾斯旺格没有领悟到古希腊自然观对尼采和弗洛伊德关于人类本性的思想的影响。宾斯旺格对弗洛伊德的驱动力理论似乎过于吹毛求疵，他希望以一种哲学上的形变观点对此进行补充，这种形变观点的例证是尼采所阐发的超人思想。相反，我主张尼采和弗洛伊德依赖于一个古老的希腊概念，将自然视为混沌的概念。根据这一概念，自然是变形和转换的一种创造性的、艺术性的源泉，而这是无法被自然科学的论述完全捕捉到的[9]。在我的假设下，尼采和弗洛伊德的"自然人"总是反映了对某种致力于文化（自我）转型的人类本性的理解，从而克服了文化与自然的疏离。尼采和弗洛伊德都主张恢复人类的自然驱动力，以克服人类由文明产生的错误观念，用于培养一种更自然的和真实的人性。我把这个变革型的自然史概念作为他们文化更新的积极筹划的核心。

凭借自然科学解构人类本性 (A 14)

在弗洛伊德八十周岁的纪念演讲中，宾斯旺格用尼采创造的自然人来映照弗洛伊德的人类本性概念。宾斯旺格在弗洛伊德对人类本性的研究中区分出了两个不同且连续的步骤：一是对人类本性进行严密的、科学的解构，二是对人类本性进行创造性诠释的重构。前者是弗洛伊德之文明的批判一个元素，而后者则属于他文化更新这一更大筹划的一部分。

宾斯旺格把弗洛伊德的自然人理解为"人具有自然特性，是一种自然的生物"（als Natur，als natürliches Geschöpf）（Binswanger 1947：159）的科学思想[10]。他评论说，弗洛伊德第一个建立了一个真正科学的人类心灵理论，类似于灵魂的某种数学函数[11]。他表明，弗洛伊德将科学方法用于解构主义的目的：

> 没有任何地方比自然科学对人类的解析（Destruktion）来得更为严谨和更为彻底。同理，自然科学的自然人概念一定要把人类作为一个生活在多重意义方向（in den mannigfachsten Bedeutungsrichtungen lebendes）中的存在来进行解析（destruieren），而这只有在多重意义指向中才能被理解。自然科学辩证法必须适用于人类，直到只剩下白板般的生成物，即还原论的辩证产品，任何将人作为人而不仅仅是动物的构成物都被灭绝了。对于任何在实践或科学中与人类打交道（umgeht）

82

的人来说，这必须是而且实际上是一个起点。（Binswanger
1947：184）

宾斯旺格在脚注中补充说尼采也采用了同样的方法。当尼采和弗洛
伊德把人还原为其动物本性时，不应将此误解为科学的还原论。毋
宁说，解析的目的是揭示我们在生命中发现的所有其他事物，譬如
意义（Sinn）和含义（Bedeutung），都是伪造品、幻觉或使人安心
之物，亦即美丽的假象（schöner Schein）（Binswanger 1947：
185）。对于宾斯旺格来说，尼采和弗洛伊德遵循自然科学的方法，
将人类简化为一个"具有意义的事件（sinn-bares Geschehen）、一
种虽然活着但为盲目的驱动力（treibenden blinden Mächten）所压
倒的存在"（Binswanger 1947：185）。宾斯旺格解释说，他们的
"破坏性的建设性方法"（destructive-konstruktive Weise）的目的
不是"从绝对意义上揭示那种将意义（Sinnglaube）视为与人性或
作为人类（Menschsein als Ganzes）相关的东西的信念"（Binswanger
1947：185），因为那种信念内在地就是虚无主义的[12]。相反，尼
采和弗洛伊德的伟大天才揭示了某些个体、群体与文明时代的伪
善，而不是作为一个整体的人类的伪善。

对《敌基督者》第 14 节的解读说明了尼采是如何运用自然科
学的观点来揭示西方文明历史中关于人类存在的主导观念中的一系
列谬误的。对自然人的探究，对人类作为一个"具有意义的事件、
一种虽然活着但为盲目的驱动力所压倒的存在"的探究，要求我们
重新思考当前的历史观念，将人类理解为历史的主体。当一个人接
受了自然科学家的观点，他站在人类面前就像他"站立在其他形式

的自然面前"（BGE 230），他就会意识到人类就像动物和植物一样。它揭示了历史的主体不是人类，而是自然。

《敌基督者》第 14 节以如下陈述开头：

> 我们已经变得（umgelernt）更为博学，在各个方面都变得更为谦逊。我们再也不会在"精神"或"神性"中追溯人类的起源，而是往后回溯到动物中。（A 14）

第 14 节隐含的"我们"经历了一个转变的过程。与尼采在《善恶的彼岸》中的"自由精神"相比，《敌基督者》第 14 节提及的作为群体的"我们"在"可怕的基本底稿自然人"（BGE 230）面前不再目瞪口呆。对于"迄今为止在那个永恒的基本底稿自然人之上潦草涂画的许多徒劳无功的、过于热情的诠释和内涵"（BGE 230），这些人已经了然于胸。第 14 节隐含的"我们"已经受过"科学训练"，而且"对旧形而上学的捕鸟者的塞壬之歌充耳不闻，这些捕鸟者的引诱声已在他耳边响了太久：'你拥有的更多，你的地位更高，你的出身与众不同！'"（BGE 230）。他们可以自信地说，人类不是"动物进化中最了不起的、善于掩饰自己的目标"，而且"人根本不是最尊贵的造物"，自然中的任何其他生物"都具有跟他一样完美的层级"（A 14）。因此，知识探求者会发现某种"焕然一新的、完璧归赵的自然"（GS 109）：对于他们来说，自然是永恒且完整的[13]。尼采式的哲学家们把历史当作目的论和神学来拆除。对于他们来说，历史既不是上帝的造物，也不是一个更高类型的人类之理性或精神之光的反射。此外，他们反对历史进步的观点，他们发现自然是永恒的，总是已然完美的。

《敌基督者》第 14 节完成了这个学习过程，并通过系统地将人类往后回溯到动物中，改变了对人类本性和历史的看法。照此，它阐明了宾斯旺格对人类的严谨科学的解构的描述。与《敌基督者》第 14 节对置，我把《善恶的彼岸》第 230 节解读为对人类本性的解释性历史哲学重建，这可以与宾斯旺格在弗洛伊德那里获得的发现媲美。在文学中，这两节格言经常被一起引用，作为尼采自然主义的证据。然而，仔细斟酌之后，可以发现这两节格言为人类本性问题提供的是截然不同的处理方式。尽管《敌基督者》第 14 节制定了一块"白板"，以承载系统解析的最终生成物，但是尼采在《善恶的彼岸》第 230 节对人类自然性的处理是面向未来的，它将再自然化作为一项公开的任务，将人类重新回溯和植入自然之中。第 230 节格言以真理的价值问题的某种窘迫结束，暗示知识的变革性力量。因此，第 230 节格言具有宾斯旺格所论及的弗洛伊德对人的自然性的重构的特征。

在《敌基督者》第 14 节，尼采没有采取前瞻性的视角，这种前瞻性的视角自问通过恢复自然的变革性力量人类还能变成什么。相反，这节格言采用了一种回顾性的视角来看待人类，回顾人类是什么，人类是各式各样的动物中的一种。开篇段落证实了这一点：

> 我们把人类看作最强大的动物，因为他是最巧妙的：他的精神性就是由此而产生的。在另一方面，我们也反对这里可能重新抬头的狂妄自负，这种狂妄自负认为，人似乎已经是动物进化中最了不起的、善于掩饰自己的目标。人根本不是最尊贵的造物；任何其他生物都具有跟他一样完美的层级……甚至我

> 们这样说的时候，似乎还言之过甚：相对而言，人是一切动物中最不称心如意的（missrathenste）动物、最病弱的动物，因为他是最危险地偏离了自身本能的动物——当然，也正是因为这个缘故，也就是最有吸引力的一种动物！（A 14）

人类因其巧妙和善于权谋而与其他动物截然不同，这些特征是人类自负的症状。这一自负的症状是尼采和弗洛伊德一直关注的主题[14]。尼采和弗洛伊德都诊断出人类日益严重的疾病，并一致认为人类文明已经制造了，援引尼采的描述，"一切动物中最不称心如意的动物、最病弱的动物，因为他是最危险地偏离了自身本能的动物"（A 14）。为了回应他们的诊断，他们列出了再自然化的康复疗效。他们试图通过哲学作为一种变形的艺术（尼采）以及通过将精神分析作为一种治疗转换的艺术（弗洛伊德）来恢复人类的自然健康。他们的目标是通过培养一种自然的和真实的人性来开启一种文化更新。

86

因此，人类的再自然化回答我们的并不是我们是谁，而是我们可以成为谁。在这里，这个问题把莱特对尼采两个筹划的描述，即理论和治疗或实践的筹划，以及他对尼采和弗洛伊德的比较联系了起来：莱特将人类复归于自然（BGE 230）（重构）简化为人类回溯到动物中（A 14）（解构），从而忽略了这两节格言的关键区别以及它们对人类问题的不同处理方式[15]。

但人类的再自然化并不是《敌基督者》第 14 节的真正主题。一旦疾病作为人类动物的显著特征被确立，这节格言就进入了对人类的实际解构。第 14 节采用了回顾性的视角，叙述我们的人类本性概念（形而上学的、道德的、宗教的等）如何需要在严格应用来自自然科学［包括物理学（力学）、心理学、生理学等］的真知灼见之后被重新审视。因此，《敌基督者》第 14 节的整体基调是愤世嫉俗的，以发人深省的"科学主义还原的辩证产物"（Binswanger 1947：184）和人类的"必死性的躯壳"作为结语（A 14）[16]。为了达到这一目标，尼采带领他的读者考察了从勒内·笛卡尔到乔治·威廉·弗里德里希·黑格尔期间哲学史上的重大错误，揭示了他们人类学的核心之中存在着的是对人类本性的误读。照此，第 14 节既完成了自然的"去人性化"（Entmenschlichung），也完成了历史的"去神化"[17]。

尼采以反转笛卡尔的哲学方法为开端。笛卡尔的哲学方法包含了对一个人的信仰、想法、思想和感官体验的严格怀疑，以人类"我思"的形式追求精神的纯净和真实[18]。然而，尼采遵循生理学上证据的逻辑，支持和反对笛卡尔：

> 至于其他各种动物究竟是什么，笛卡尔在历史上最先以一种令人尊敬的勇气大胆宣称，我们必须把动物理解成某种机器：我们整个生理学无一例外地都在努力证明这个命题。我们在逻辑上也并不像笛卡尔实际上所做的那样把人类排除在这个命题之外：今天我们对人的理解是真实学问，恰恰在于这种学问已经达到了把人理解为某种机器的程度。（A 14）

尼采赞同笛卡尔的论点，即动物（因此也包括人类的身体）是某种机器。然而，通过证实人类和动物一样也是某种机器，尼采随后对它进行了颠倒："我们整个生理学无一例外地都在努力证明这个命题"（A 14）。尼采对笛卡尔的颠覆是双重颠倒。首先，他推翻了笛卡尔关于人类不同于动物的理解，声称从生理学的观点来看，动物和人类没有区别；其次，他通过重新评估人类精神的状况，颠覆了　*88*笛卡尔关于身体不如心灵的理解，声称精神只是身体的一个（较低等的）层面。

将人类重新置于动物之中的第二步涉及对"自由意志"（liber arbitrium）的信仰，即将自由意志视为人类本性的显著特征：

> 从前，"自由意志"如同更高次序的嫁妆一样被备置并颁赠予人类；今天，就我们不再允许人类把意志看作一种天资而言，我们甚至已完全摘除了人类的意志。"意志"这个古老的词语现在只用来表示一种合力、一种个体的反作用力，这种反作用力必然是随着大量在一定程度上相互矛盾、在一定程度上又协调一致的刺激之物而来的——意志再也不能"达到"任何目的，再也不能"改变"任何事物。（A 14）

这一次，尼采用从心理学中获得的洞察力来反对关于人类本性的道德观念中的错误。心理学表明，基督教的"自由意志"概念是由多种驱动力和本能组成的，这些驱动力和本能彼此不可简化，是我们所谓的"行动"的基础。当一个人接受了自然科学家的观点，他站在人类面前就像他"站立在其他形式的自然面前"（BGE 230），他就会意识到人类就像动物和植物一样：他们缺乏随心所欲地行动的自由。因此，行动不应该被认为是意愿的或有意识的（TI"谬误"7）。根据尼采的理解，自由意志的基督教教义"本质上是为了惩罚的目的而发明的，也就是说，用来定罪"（TI"谬误"7）。其最终是为了满足其始作俑者，"他们想为自己创造一种惩罚他者的权利，或者他们想为上帝创造一种如此行事的权利……"（TI"谬误"7）尼采坚持认为，只是因为"人类感觉自己是自由的，而不是因为人类是自由的，人类才感到内疚和良心的痛苦"（HH 39）。针对这一教义，尼采提出了"一切事物都是无罪的"（HH 107 和 TI"谬误"8）观点。尼采对"自由意志"的基督教教义的批评的重点在于，基督教教义对应的道德责任的信念不能产生真正的责任。相反，人类需要恢复其动物的纯真无辜，以便在"生命本能驱使（zwingt）的行动"中认识到"正确的（rechte）行动"，并"快乐地"行动（A 11）。弗洛伊德用一种驱动力理论证实并补充了尼采对"快乐原则"的见解，该理论证明意志或自我不再是"一家之主"（Binswanger 1947：188）。尼采《遗稿》（*Nachlass*）中的一则笔记总结了这一点：

> 自由意志的行为将是一个奇迹，是自然链条的断裂。人类将成为奇迹创造者。一种动机的意识伴随着某种错觉而来——理智的、原初的（uranfängliche）、唯一的说谎者。（KSA 8：42［3］）

通过将人类重新置于动植物之中，尼采填补了自然链条的缺口，并重新确立了自然的真理："理智的、原初的、唯一的说谎者"（KSA 8：42［3］）。

尼采科学地将人还原为动物的第三步，也是最后一步，涉及精神纯洁的理念。与精神是人类卓尔不群和出类拔萃的标志这一观点相反，尼采利用现代生物学产生的知识揭示了精神只不过是"一种纯粹的愚钝"[19]：

> 先前有些时候，有人在人类的意识中，在人类的"精神"
> 中，看到了人类更高级的起源的证据，看到了人类之神性的证
> 据；为了让人变得完美无缺，有人建议，人就要像乌龟一样收
> 回他的感官，停止与尘世间所有东西的接触，藏好他那必死性
> 的躯壳：只有这样，人才能退而保全自己最重要的东西，保全
> "纯粹的精神"。在这里我们也已经想妥更好的万全之策："意
> 识化"或"精神"，在我们看来，它们恰恰是有机体相对不完
> 美的象征，恰恰是某种尝试、摸索、试错，恰恰是一种无端消
> 耗大量精力的苦差事——我们决不承认，那种认为"任何事物
> 如果是有意识地做出的，它就能做得完美"的观点。"纯粹的
> 精神"就是纯粹的愚钝：因为如果我们摘除了神经系统和各种
> 感官，如果我们摘除了"必死性的躯壳"，那么，我们就大错
> 特错了——了结了一切！……（A 14）

意识相对于无意识的劣势是尼采和弗洛伊德心理学的另一个共同主
题。例如，在《快乐的科学》中，尼采坚持认为，与意识表示人类
优于其他生命形式的信念相反，意识在人类动物中是一个相对年
轻、发育不足的器官，因此，甚至可能是招致危险的（GS 11，
354）。尼采重新确立了潜意识的价值，他提醒我们，人类的大部分
重要功能是在潜意识的情况下运作的，而且正是多亏他们的潜意
识，而不是他们的意识，人类动物迄今为止已经保存了自己。弗洛
伊德的潜意识理论证实了尼采的直觉。

尽管尼采和弗洛伊德发人深思地将人类意识作为人类心灵生活

中的次要现象，但他们都没有完全放弃意识。正如宾斯旺格所指出的，这将是一个巨大的误解。一旦尼采和弗洛伊德已经获致"科学还原的辩证产物"（Binswanger 1947：184）——人类的"必死性的*91* 躯壳"（A 14），问题就变成了一个人能否种植一种不同的意识，这种意识包含了人类生命的身体（动物和植物）维度，作为一种自然的人性生长的土壤。这个问题促使尼采和弗洛伊德对人类作为有生命的存在的肉身性和生命力的问题进行了研究（Binswanger 1947：168）。

一种新的身体哲学

宾斯旺格指出，尼采和弗洛伊德都认为对身体的研究很重要。这种重要性是他们人类本性概念的一个显著特征[20]。特别是，它使他们的自然人观念与浪漫主义复归于自然的观念区别开来：

> 尽管卢梭式的自然人思想是一个令人振奋的乌托邦，是从仁慈的本性中诞生的人类的天使本性，打个比喻说，诗人诺瓦利斯（Novalis）的自然人概念，某种自然人的温和奇迹（homo natura benignus et mirabilis），源于肉身性的神奇理想化和精神性的神奇自然化，尼采和克拉格斯的自然人思想与弗洛伊德的思想是一致的：在这里，肉身性决定了人类的本质（Binswanger 1947：168）。[21]

尼采建议，"在科学研究的所有问题上"（KSA 11：26［432］）遵循"身体的指引线"（Leitfaden des Leibes）（KSA 11：26 [432]），尤其是那些与灵魂有关的研究（KSA 11：26 [374]；亦可参阅 KSA 12：2 [91]）。这些建议证实了宾斯旺格的观察。一篇他死后出版的笔记对这一新的哲学视角进行了阐述：

> 如果我们假设"灵魂"是一种迷人而神秘的思想，哲学家们只是正当地不情愿地放弃了这种思想，那么也许他们已经学会用"灵魂"来交换更有吸引力的、更神秘的事物：人类的身体。人类的身体，在其中，所有有机物形成的整个远古和近期的过去再次充满活力并栩栩如生，一条巨大的、闻所未闻的溪流似乎在其中、其上、其外流淌，身体是一个比古老的"灵魂"更引人注目的思想。（KSA 11：36 [35]）[22]

关于这一新的哲学视角，我想提出三点看法。首先，上面的注释说明了吸引尼采（以及弗洛伊德）的不是经验上的身体，而是关于身体的哲学思想："身体是一个比古老的'灵魂'更引人注目的思想"（KSA 11：36 [35]）。对于尼采而言，关键的是不仅要知道，在人类的身体中"所有有机物形成的整个远古和近期的过去再次充满活力并栩栩如生"（KSA 11：36 [35]），而且要知道，"所有有知觉的存在的整个前历史和过去，在我（尼采）的内心继续着虚构、爱、恨和推断"（GS 54）。尽管尼采承认自然科学对于增进对人体的理解做出了重要贡献，但它们所提供的见解或所遵循的方法都不能回答人类本性问题，也就是说，生命的内在历史性问题。毋宁说，揭示何种方式让"所有有机物形成的整个远古和近期的过去再次充满活力并栩栩如生"（KSA 11：36 [35]），并且把握何种方式

92

让"所有有知觉的存在的整个前历史和过去，在我（尼采）的内心继续着虚构、爱、恨和推断"（GS 54），需要哲学家和诗人的想象力，他们能听闻"巨大的、闻所未闻的溪流"在人类的身体"其中、其上、其外"流淌（KSA 11：36［35］）[23]。尼采把人看作一个自然的有机体，但是这个自然的有机体的整个生命不能通过自然科学的论述被理解。它需要一个自然史的论述。对尼采身体哲学的自然主义的和还原论的描述忽略了经验上的身体与"最多种生命的奇妙结合"（KSA 11：37［4］）的活着的身体之间的区别，因此只提供了一个关于尼采所理解的人类本性以及人类是有生命的历史的存在的片面概念[24]。

其次，尼采和弗洛伊德都清楚地意识到他们在人类本性问题研究上付出的努力的局限性。例如，弗洛伊德描述了他通过一种驱动力理论来把握人类本性的尝试。该理论旨在把握人类精神生命的意义和起源，旨在抓住其与"所有生命的古老基础"（Urgrund allen Lebens）（Binswanger 1947：160）的联系。这种古老基础作为一种对抗的、令人不安的和不可思议的体验，使他认识到自己科学努力的神话性质：

> 可以说，驱动力理论是我们的神话。驱动力是神话般的实体，其不确定性令人惊叹。在我们的工作中，我们一刻也不能忽视它们，但我们永远不能确定我们正在清晰明了地理解它们。（Freud 1933：95；转引自 Binswanger 1947：160）[25]

弗洛伊德的"不安的惊讶，他在驱动力'不可思议的（ungeheuren）隐身术'"面前的战栗，证明了确定无疑地辨别人类本性的真相是不可能的（Binswanger 1947：160）。对于弗洛伊德而言，自然科学家的努力因此在本质上是悲剧性的。在狂暴的自然力量和它普遍存在的破灭面前，不存在任何安慰。因此，弗洛伊德得出结论说，人类的命运必然是承受大自然造成的苦难和痛苦，这是"所有 94 生物的首要职责"：

> 在生命的严肃性和力量及其无所不在的死亡面前，自然科学家止不住地惊讶。一种生命，弗洛伊德（我还要补充一句，尼采）认为它"导致了我们的痛苦"（wir all schwer leiden）（XI 464），无法补偿也得不到安慰，一种我们都必须作为"所有生物的首要职责"来承担的生命。 （X 345f.；转引自 Binswanger 1947：160）[26]

弗洛伊德的悲剧人生观和他对人类知识极限的承认与尼采的哲学产生了共鸣。不可能在科学和神话之间划清界限，这是尼采作品中一个不断发展的主题。尼采描绘了人类不知道自己骑虎难下的形象，并且声称自然扔掉了开启身体生理活动混杂物的钥匙（TL）。自然以一种野性的、未被驯服的、无法控制的力量在人的身体中表现出来，这种力量是不确定的、人类意识无法企及的。这无疑使尼采和弗洛伊德关于如何培养一种不同类型的意识和历史的问题复杂化了。这种不同类型的意识和历史拥抱人类生活的身体（动物和植物）维度，以此作为一种自然的人性生长的土壤。尼采和弗洛伊德都承认，他们试图提供人类生活的自然史的尝试失败了，因为后者是完全无法理解的，仍然是未知的。稍后，我将回到自然史的不完整性或内在失败的这一方面。

关于尼采和弗洛伊德对人类作为具体的、活生生的存在的研究，我要说的最后一点是，这个研究的目的是人类的自我战胜。正如沃纳·斯泰格迈尔（Werner Stegmaier）和安德里亚·贝尔蒂诺（Andrea Bertino）正确指出的那样，尼采的（我还要补充一句，弗洛伊德的）人类学始终也是对人类学的批判（Stegmaier and Bertino 2015）。尼采和弗洛伊德依靠他们同时代的自然科学的发现来证明，人类既不是某种理性的也不是某种道德的创造物。他们潜在的动机是推翻主导的人类概念，这种概念不再是科学发现的结果。尼采《遗稿》中的一则关于有机生命发展的注释说明了这一观点：

> 也许精神的整个发展都与身体相关：这是一个变得可以感知的更高类型的身体形成的历史。有机体正在上升到更高的阶段。我们对自然知识的渴望是一种手段，借此，身体竭力完善自己。或者更确切地说，成千上万的关于营养、居住和生活方式的实验都是为了改变身体：意识和价值、各种欲望和热情的缺乏，都是这些身体变化和实验的症状。归根结底，这不是关于人类的问题，而是关于人类如何自我战胜的问题。（KSA 10：24 [17]）[27]

这则注释揭示，在有机生命发展的背景下，人类本性不是绝对的、稳定的、固定的。相反，人类本性与自然的不断形成和转化休戚相关。自然史是一部开放式的历史。从有机生命的历史发展来看，文化并不是人的显著特征。相反，文化和历史总是内在于自然的。

对于尼采和弗洛伊德而言，回答如何种植一种不同的意识，如何构思一种不同的历史叙事，将人类生命的身体维度作为一种自然的人性生长的土壤，意味着肯定自然是一种创造性和艺术性的力量[28]。它需要的克服不是人类作为一种自然生物的本质，而是人类在文明过程中所变成的东西。再一次，人类这种（自我）战胜的方式是如何构思的，这是一个超越自然科学界限的问题，需要哲学人类学提供一种不凌驾于自然之上的文化和历史的描述。这就是我所认为的尼采和弗洛伊德在一个"去神化"的自然与一个"新发现的、新救赎的自然"（GS 109）的基础上重建人类本性的目的！[29]

驱动力、文化和人类转变

马尔科·布鲁索蒂认为，《善恶的彼岸》第 230 节反映了"自由精神的自然史"，它提供了作为自然人的人类本性的一种描述。在这一节，尼采揭示了文化（和知识）的出现源于他所说的"精神的基本意志"（BGE 230），并补充说，这个"基本意志"适用于所有生物（Brusotti 2013）。评论家们注意到这"精神的基本意志"具有尼采所称的权力意志（BGE 44）的所有特征（Heit 2014）。潜在的想法是，尼采在他的权力意志假说的基础上重构了人类本性："自然人，亦即权力意志"（KSA 12：2 [131]）。

宾斯旺格提出了同样的观点：对人类本性的重构必须基于某种原则或观念，譬如尼采的权力意志观念或弗洛伊德的快乐原则观念。根据宾斯旺格的观点，尼采的权力意志观念是"对人类痛苦的生活赋予意义"（Binswanger 1947：184）。同理，弗洛伊德的快乐

97

原则观点"为生命的保存和改善打开了可能性"（Binswanger 1947：184）。对于宾斯旺格来说，这是尼采和弗洛伊德重构人类本性的终极目的。因此，宾斯旺格将尼采的权力意志理解为弗洛伊德的快乐意志的一个特例：

> 快乐（Lust）意志，即"生命"的意志和通过让人类赖以生存（gelebt wird）的"未知的、不可控制的力量"来增加生命（Lebenssteigerung）的意志。（Binswanger 1947：170）

这两种观念——权力意志和快乐意志——都提供了一种对人类本性的描述，这种本性既是自然固有的，也是被自然超越的，因为人类生活在自然中，并有赖于自然而生活：自然是"人类赖以生存"的力量（Binswanger 1947：170）。与此同时，它们使人类文化生产力的解释成为可能，这种解释不依赖于超越自然的精神或灵魂观念。

关于第二点，宾斯旺格将尼采与弗洛伊德联系在一起，以弥补他在弗洛伊德关于驱动力的思考中发现的弱点。对于宾斯旺格而言，弗洛伊德的驱动力理论没有阐明人类转变的观念。在弗洛伊德那里，驱动力（Triebwesen）的本质是，"尽管它们有着多重转变但最终保持不变"，因此宾斯旺格做出如下推断："与歌德和尼采相反，弗洛伊德的驱动力学说没有阐明某种真正的转变（Wandlung）概念"（Binswanger 1947：178）。

宾斯旺格在他的庆祝演讲中所表达的批评，反映了弗洛伊德和宾斯旺格对于哲学，特别是尼采哲学在精神分析中的地位的一个更深层次的、长期存在的分歧[30]。虽然宾斯旺格同意弗洛伊德自然主义思想的优点，但他认为人类的再自然化必须涉及"更多"的理论，而这是单一的驱动力理论无法胜任的。他援引尼采关于"超人"的观点作为对人类本性进行哲学创造性重构的例子，与弗洛伊德的（非哲学的）科学自然主义相比，这是一个对人类文化生产力更有说服力的解释[31]。

宾斯旺格在人类的文化质变问题上制造了尼采与弗洛伊德之间的对立。根据《善恶的彼岸》第 230 节中一段文字提供的文本证据，尼采明确指出人类并不"超过"自然（BGE 230）。因此，已有文献资料对宾斯旺格所制造的对立提出了质疑（Gasser 1997）。在这一意义上，尼采同意弗洛伊德的观点，即人类超脱于以驱动力为根基的生命。有趣的是，弗洛伊德自己对宾斯旺格所言的反应也指向类似的方向。在给宾斯旺格的一封信中，弗洛伊德写道：

> 　　当然，我还是不能相信你（宾斯旺格）。我总是把时间花在房子的主楼层和地下室（Souterrain）——你声称，当一个人改变视角，他也可以看到一个更高的层面，那里有宗教、艺术等的尊贵客人居住。你不是唯一一个这样说的人；大多数自然人的文化典范都是这样想的。在这个方面，你是保守的，而我是革命的。如果我还有一份有待完成的工作，那么我敢说，我会致力于为那些声称自己出身较高的人（Hochgeborenen）在房子的低层找到一个居住的地方。就宗教而言，当我遇到"神经症"这一范畴时，我就已经可以让它对号入座。但我们可能只是不了解彼此，我们的分歧需要几百年才能消除。（引自 Gasser 1997：235；我的翻译）

99

像尼采一样，弗洛伊德反对基于超自然原则的文化理论。弗洛伊德坚持认为，人类与自然和其他生物之间没有什么"更多"的区别。但这是否意味着弗洛伊德的人类本性概念完全是自然科学的，就像宾斯旺格所暗示的那样？尼采和弗洛伊德对自然概念采取的一种迥异于自然科学的视角可能有助于廓清宾斯旺格的关注。

混沌、创造力和生成超人

让·格兰尼尔（Jean Granier）对尼采和弗洛伊德在哲学地位与人类本性问题上的关系提出了不同的立场（Granier 1981），这与宾斯旺格的观点形成了对比和补充。依照格兰尼尔的见解，尼采和弗洛伊德之间的共同术语——"Es"和"自然人"——表明，弗洛伊德以自然人来定义的人类概念本质上是一种哲学概念[32]。当弗洛伊德采用尼采创造的"Es"一词来表示人类精神生活的起源时，他所接纳的绝不仅仅止于一个词。毋宁说，弗洛伊德对词语的选择是基于"一种本质上是哲学的反思"（Granier 1981：100；我的翻译）。同样地，他的自然人中对自然的倚重证明了，弗洛伊德对人类问题的反思远远超出了他的临床经验和社会文化审视的框架。格兰尼尔像宾斯旺格一样，引用了弗洛伊德的一段话，在这段话中他承认了他的驱动力理论的神话意蕴（Binswanger 1947：160；Freud 1933：95；Granier 1981：101）。格兰尼尔坚持认为，对于弗洛伊德来说，神话绝不是错觉和幻想的集合。相反，弗洛伊德明确地重新确立了神话和神话揭示（dévoilment）真理的力量。

格兰尼尔认为，弗洛伊德的自然概念在许多方面可以与歌德以及文艺复兴时期的思想家和艺术家——譬如列奥纳多·达·芬奇——的自然概念媲美[33]。弗洛伊德谈论自然的方式让格兰尼尔想起"希腊人在被他们称为爱多斯（aidos）① 之前所经历的痛苦和崇拜"，并暗示推断弗洛伊德的神话与希腊人的神话扮演着相同的角色，即"关于起源、本初的论述"（Granier 1981：101）。对于格兰尼尔而言，精神生命的这个神秘起源代表了存在的另一个名称，代表了生命的整体，因此他得出结论，弗洛伊德的作为自然人的人类概念，与尼采的一样，具有哲学的意蕴。

在格兰尼尔的论述中，当尼采使用自然一词来确定人类本性时，其目的既不在于把握人类的心理生活（弗洛伊德的致思路径），也不在于明确表达某种哲学人类学（洛维特的致思路径）。毋宁说，尼采将人类本性重构为自然人的本意是恢复一种古老的作为混沌的自然概念："混沌的自然"（Chaos sive Natura）（KSA 9：21［3］和 9：11［197］）（Granier 1977）。作为混沌的自然指明了一种观念，这种观念认为自然是一种创造性的、丰富的力量，能带来自身的生命（Babich 2001）[34]。正是通过恢复自然的创造力和艺术力量，尼采希望在人类内部释放其形成和转变的潜力。

101

依照格兰尼尔的理解，对于尼采来说，混沌和权力意志一样，是深渊般的现实。在尼采和弗洛伊德看来，人类无法接近自然，因

---

①　代表谦虚、敬畏和尊重的女神。——译者注

而把它追溯到一个起源（Grund），一个把自己显示为深渊（Abgrund）的地方[35]。在这里，弗洛伊德和尼采对人类本性的反思汇合到一处。根据格兰尼尔的假设，弗洛伊德对人类的驱动力的理解与尼采对自然的理解是一样的，理解为混沌。格兰尼尔因此得出结论，通过借用尼采的术语 Es，弗洛伊德完成了他的精神分析反思的哲学真理：

> 如果尼采和弗洛伊德之激进的文明的批判已经彻底改变了哲学的本质，那么我不认为这种颠覆以哲学的毁灭（destruction）或无效结束。毋宁说，它导致了一种在尼采的超人（Überwindung）意义上的自我战胜，也就是说，通过回归本源，哲学的再转变揭示了存在是一种超越客观理性所能证明的东西，从而使哲学重新获致它作为世界话语的真理。（Granier 1981：102）

格兰尼尔使用的术语"毁灭"和"再转变"让人想起了宾斯旺格的解构和重构的观念。然而，对于格兰尼尔而言，弗洛伊德对人类本性的重构与尼采的重构具有一样的哲学意蕴。宾斯旺格和格兰尼尔追求的目标不同：宾斯旺格旨在为精神分析中人类生存的人类学-哲学分析铺平道路，而格兰尼尔旨在恢复哲学的真理，作为超越形而上学的关于自然和世界的话语。然而，他们对尼采和弗洛伊德的人类学的重建却得出了同样对未来开放的结论，即人类的转变：宾斯旺格的人类的形变和格兰尼尔的哲学更新。

尼采通过超人（Übermensch）的象征形象阐述了未来的概念，在那里，人类以动物本能的名义战胜了自己，这是人类自我转变的永恒源泉。尼采的 Übermensch 中的 Über（超级、最高）可能意指"mehr"（更多）（BGE 230）的另一个含义，即不比自然"更多"，这让我们得以在宾斯旺格和弗洛伊德之间取得一致[36]。"overhuman"和"overcoming"中的前缀"over"表示人类的自我克服[37]。它指的不是建立人类凌驾于动物之上并对其施加统治之类的等级制度的某种垂直关系，如同《善恶的彼岸》第 230 节所揭示的那样，其中，"更多"指的是人类凌驾于自然之上的"更高"或"不同"的起源，恰如已在人类耳边响了太久的旧形而上学的捕鸟者的塞壬之歌："你拥有的更多，你的地位更高，你的出身与众不同！"（BGE 230）。相反，"over"指的是人和自然之间的横向联系。在尼采的术语"overhuman"中，前缀"over"既不是用来将人类与自然分开，也不是用来将其中一方置于另一方之上（Lemm 2009：19 - 23）。"overhuman"中的"over"是为了提醒我们，自然比人类"更多"。因此，对人类本性的重构并不是"复归于自然"，而是通过恢复自然的"更多"、自然的生产力和创造力来提升人类。因此，人类的再自然化指明了一种运动，它将人类"带入一个崇高的、自由的甚至可怕的自然状态"（TI "遭遇战" 48）[38]。

注释

[1] 请参阅 Leiter 2013、Emden 2014、Richardson 2009。

[2] 关于历史决定论之历史的研究，请参阅 Meinecke 1972。

[3] 关于赫尔德（Herder）与尼采在历史、自然和人类学方面的比较研究，请参阅 Bertino 2011b。

[4] 宾斯旺格的所有引文都是我翻译的。

[5] 尼采和弗洛伊德都与启蒙时期的人文主义和科学主义保持了距离。特别是尼采，他很清楚启蒙运动的辩证法，拒绝了后者不惜任何代价追求知识、追求"客观"真理的渴望。他仰赖希腊人，希腊人"知道如何生活：要做到这一点，需要勇敢地停留在表层、褶皱和表皮上"（GS"前言"4）。论尼采对启蒙辩证法的批判，请参阅 Adorno and Horkheimer 2002：44；Maurer 1990。

[6] 请参阅 Sommer 2016：650 - 651；Brusotti 2014：129。

[7] 我同意安德里亚·克里斯蒂安·贝尔蒂诺的观点，即"人性化"需要与尼采关于人类知识的拟人论（即人类将自己投射到世界上的想法）的更总体的论点区分开来。虽然人性化反映了一种对人类动物性进行控制的形式，但拟人论不能被废除，它是尼采透视主义的一个构成特征（Bertino 2011a）。

[8] 依据我在第一章的论点，莱特所描述的尼采自然主义造成的困难在于，它没有充分区分这两种方法，并倾向于把对人类的重构简化为对人类的解构。

[9] 请参阅 Granier 1977，1981。

[10] 关于宾斯旺格的庄严敬意的语境及弗洛伊德对此的反应，请参阅 Gasser 1997：chapter 17。

[11] 在《人性的，太人性的》第一卷第 106 节，在他所谓的科学时期，尼采似乎也有过类似的想象："在瀑布旁。——看到瀑布，我们以为在无数的波浪的弯曲、扭动和破裂中看到了意志的任性与自由；但这里的一切都是必需的，每一个运动都是可以用数学计算的。人类的行为也是如此；如果一个人是无所不知的，他就能够计算出每个人的行动，以此类推，计算出每一次知识的进步、每一次错误、每一次邪恶……自由意志的假设，本身就是它必须计算的机制的一部分。"关于尼采论必然性和创造性之间联系的研究，请参阅邓肯·拉格（Duncan Large）的相关著述（Large 1990）。拉格认为上述引文是

尼采向启蒙运动之神致敬的一个例子，他对一个无所不知、精于算计的智慧暗送秋波。拉格坚持认为，这个机械论的宇宙是尼采中期思想的一个范例，这将被《快乐的科学》的时代（这个时代包含着一些尼采对科学偏见最严厉的攻击）（GS 373）长久地遗忘（Large 1990：50，52）。

[12]　莱特对尼采的命运论进行的自然主义描述例证了这种虚无主义，因为它描绘了一种决定论的世界观，在那里人类的自由和创造力被降低为纯粹是各种幻觉（Knobe and Leiter 2007：89-90）。对于宾斯旺格来说，对弗洛伊德进行科学还原论的误读源于将"人类存在的先验或基本可能性误读为人类在基因发育过程中存在的可能性或实质性可能性"（apriorische oder wesensmässige Mäglichkeiten des menschlichen Existierens in genetische Entwicklungsprozesse）。例如，这种将存在转化为自然历史的方式，反映在试图解释"由于儿童的恐惧和无助而催发的宗教方式……由于美丽外观带来的愉悦感而触发的艺术方式，等等"（Binswanger 1947：185）。莱特对艺术与自然的依赖关系的逆转可能反映了这样一种误解，即他认为"自然不应被艺术地解释；相反，艺术作品应该被自然地理解（作为'权力、自然的基本本能的产物'）"（Leiter 1992：284）。

[13]　关于《善恶的彼岸》第230节中"可怕的"到"永恒的"意义之转变的研究，请参阅 Lampert 2001：229-230。朗佩特认为，这种转变反映了知识探求者通过追溯人类本性的前道德主题，克服了对人类本性的道德误读。

[14]　"人类，一种花样繁多的、花言巧语的、矫揉造作的、隐晦不明的动物，对于另一种动物来说，不可思议的不是他的力量，而是他的巧妙和精明"（BGE 291）。这是尼采哲学中持续关注的主题，始于《论超道德意义上的真相与谎言》，其中，他认为，人类的智力不是人类通往知识特权的指示牌，而是一种为了自我保存而掩饰和捏造幻觉的底版。人类比其他任何动物都更需要保护，这就解释了为什么人类必须形成社会来保护自己免受威胁和本质

上危险的环境的伤害（TL 和 GM）。

[15] 贝尔蒂诺通过将人类的自然化与自然主义的还原论区别开来，提出了类似的观点（Bertino 2011a）。

[16] 在《敌基督者》的前言中，尼采承认他是在对身后的读者说："这本书属于极少数人。也许他们都还没出生呢。"他的读者必须是那些克服了人性的人："一个人必须在力量上、灵魂的崇高上优于人类——以轻蔑的方式"（A"前言"）。正如宾斯旺格所指出的，《敌基督者》第 14 节的观点反映了这种"厌世主义"，这种观点通常与人类文明的文化构造的科学解构有关。

[17]《快乐的科学》第 115 节例证了这一思想：当一个人去除了那些使人盲目相信人类优越的错误，他也就摒弃了所谓的"人性"："四种错误——人类受教于自身的错误：第一，它无法看到自身的全貌；第二，它赋予自身虚构的特性；第三，在与动物和自然的关系中，它把自己置于错误的等级次序；第四，它不断地发明新的财物附录表，并一度认为它们是永恒的、无条件的，因此，现在，人类的这种和那种动力与条件占据了第一位，并因这种估价而变得高贵。我们如果忽略了这四种错误的影响，就等于忽略了人性、为人之道和'人类尊严'。"

[18] 请参阅 Kofman 1979：198 - 224。

[19] 尼采用"愚钝"这个词来与动物性形成对照。这通常是为了扭转人类相对于动物的"优越性"偏见，例如《论历史对于人生的利与弊》第一节，但也包括《善恶的彼岸》第 231 节所述，亦如我在第四章所述。

[20] 这也是迈克尔·艾伦·吉莱斯皮（Michael Allen Gillespie）的观点，他认为尼采人类学的心理基础是由查拉图斯特拉在《查拉图斯特拉如是说》的第一部分奠定的，其中尼采把人类的本质定义为身体（而不是灵魂或自我意识），而且身体仅指情感或激情（Gillespie 1999）。由于激情不是整齐划一的，而是多彩多姿的，而且每一种独立的激情都在不断地为表达而斗争，吉

莱斯皮总结道，尼采视野中的人类"因此从根本上是矛盾重重的，因为身体一直在与自己交战"（Gillespie 1999：147）。吉莱斯皮继而说道："尼采将道德和宗教理解为对人类因相互冲突的激情之间的不和谐而遭受的痛苦的一种回应，通过在激情之间建立和平，或通过贬低此世的激情世界而偏好彼岸的另一个世界"（Gillespie 1999：147）。吉莱斯皮从政治角度解读了尼采对相互冲突的激情的心理学见解，并认为当尼采呼吁对斗争和冲突的肯定，作为克服道德和宗教虚无主义的一种手段时，"真正的选择不是在消极虚无主义和欧洲文化的革命转型之间做出的，而是在自由资产阶级民主和革命暴政之间做出的"（Gillespie 1999：154）。依照吉莱斯皮的说法，尼采对后者的偏好是他的哲学人类学的直接结果，并提醒尼采的读者不要忽视他所理解的人类本性概念的"更深的一面"（Gillespie 1999：154）。我对尼采关于身体的思想的这两个方面进行了生命政治学解读——死因学政治解读和肯定性解读（Lemm 2016a）。亦可参阅 Esposito 2008。

［21］关于尼采反对卢梭的"复归于自然"观点的立场，请参阅《偶像的黄昏》第 48 节"遭遇战"以及尼采对浪漫主义的批判（GS 59）。

［22］在另一篇身后发表的笔记中，尼采也声称，"我们"通过身体做出价值判断："身体是最好的顾问，身体至少可以被研究"，这对于"灵魂"来说是不真实的（KSA 11：25［485］）。亦可参阅《查拉图斯特拉如是说》"论藐视身体的人"："但他觉醒和知晓说：身体（莱布）就是我，别无他者；灵魂只是关于这个身体的一个指示。"

［23］关于想象在尼采和阿比·沃伯格（Aby Warburg）重建人类转型史中的重要性的研究，请参阅 Santini 2020。

［24］尼采的人类学问题和他对身体的思考，是一个引起持续争论的话题。依照马库斯·梅克尔（Markus Meckel）的观点，尼采的人类学在《查拉图斯特拉如是说》中得到了明确的表达，查拉图斯特拉的旅程是人生成为人

类的映照。按照梅克尔的致思路径，尼采人类学的中心论点是，人类是一个创造者，因此不断地参与创造自己和超越自己的任务："在这个超越自己的自我创造（Sich-über-sich-hinaus-Schaffen）中，人类是一个转换面（Üergang）和一个潜伏面（Untergang）。未来的那个人已经在路上了（der Werdende auf dem Weg Seiende）——人总是比人伟大（a homo semper maior）"（Meckel 1980：179）。梅克尔认为，就其本身而言，人类的创造与一神论宗教中神的创造是不同的。尽管梅克尔承认尼采考虑过创造和活着的身体（schaffende Leib）的维度（Meckel 1980：180），但后者并不是他思考人类之整个本性的中心（Meckel 1980：180，208）。对于梅克尔而言，定义人类的是其创造、追求知识和爱的能力。通过这种能力，人类不断超越自身的限制、超越自我。但在成为其所是的过程中，人类的个体需要与人类中的他者进行交流："只有当人类达到精神的程度，而不只是自然的一个无中介的生物，人类才能被有意义地理解为一个超越自身所沟通和中介的存在。人类必须首先被教育成为一个人。人类只有超越了自己，才能认识到自己的人性，这就需要人与人之间的一个沟通的过程"（Meckel 1980：208）。梅克尔发现查拉图斯特拉的旅程和他与更高层次的人类的交流是这个观点的例证。查拉图斯特拉的旅程反映了一种悖论：一方面是创造和传播关于人类的新观念的任务，另一方面是将人类带回其无中介的自然状态的任务。这一悖论反映在尼采的思想概念中，尼采认为思想是有机生命的功能。尼采想要重新让人类复归于自然，使思想只有在它被体现的范围内才能保持不被中介，从而克服自然和人之间的分裂。但是，根据梅克尔的观点——这也是我不同意他的观点的地方，思考的身体不是自我反思的。梅克尔的结论是，由于人类的创造力、知识和爱被定义为超越自身的存在，取决于人类反思自身及其行为的能力，所以尼采将理性假设为构成人类本性的事物："因此，尼采也认为理性是人类的构成特征"（Meckel 1980：208）。问题是：尼采所说的理性意在何指？沃尔克·格哈特

(Volker Gerhardt) 在他的文章《身体、自身和自我》("The Body, the Self and the Ego") 中得出了不同的结论,认为尼采关于身体的"大理性"和意识的"小理性"只有通过美学的解释才有意义。根据格哈特的说法,一方面,身体"依赖于它所来自的自然和历史条件,并由其决定的,而它又必然地依旧受到这种条件的约束;另一方面,身体仅由自身决定意识的开端和结束,并支配着各种意识;身体通过其组织的特定形态,决定了它所追求的活动的节奏和速度。……因此,实际上是身体提供了一个秩序,在这个秩序中,获得一种有生命存在的感觉"(Gerhardt 2009:285)。这也是帕特里克·沃特林 (Patrick Wotling) 的观点,对于他而言,根据命令和服从的关系,身体主要反映了多重冲突和矛盾驱动的复杂秩序(层次)(Wotling 2008)。沃尔夫冈·米勒-劳特 (Wolfgang Müller-Lauter) 也详细讨论了这一观点,他将身体视为斗争的有机体 (Müller-Lauter 1999)。因此,身体是凝聚力,因而是协作和交流的促进者,肯定了某种"自然共同体"(KSA 11:34〔123〕;Wotling 2008:159)。沃特林认为"身体是语言"(Wotling 2008:159),并且身体是诠释的活动 (Wotling 2008:165)。沃特林发现这个共同体的想法在尼采如下的声明中得到了表达。尼采声明:"我们的身体实际上只是一个由多重灵魂组成的社会结构"(BGE 19)。通过重新引入身体中的多重灵魂,尼采指出,不可能将生理学与心理学分离,不可能将理论与实践分离,或者换句话说,对生理学的洞察仍然受制于诠释,这个想法可能是由威廉·鲁克斯 (Wilhelm Roux) 激发的。关于尼采之生理学与心理学交叉的思想,请参阅 Wotling 1995。在这里,沃特林对身体的解读及其秩序的创造补充了格哈特的观点:"这种可理解的感觉需要一个特定的器官,对于尼采来说,就像柏拉图、康德或黑格尔一样,这个器官就是理性的功能"(Gerhardt 2009:288)。但是,这种感觉和理性的观念以身体作为一个统一体或整体的概念为前提,这个统一体或整体表达的是"身体的整体"(Gerhardt 2009:288)。格哈特声称,"理性是使自己在身体的表现中显现出来的东西——正如美在艺术中的表现一样"（Gerhardt 2009：289）。在这个方面，格哈特将理性解读为活着的身体的一个器官，而不是超越它的功能，这提供了一个令人信服的论点来反对梅克尔探讨尼采人类学时所理解的理性和交流的概念。

[25] 请参阅 Granier 1981：101。

[26] 请比照《善恶的彼岸》第 226 节，尼采在"论我们的美德"中论及了自由精神的责任感。

[27] 关于人类如何自我战胜的问题，亦可参阅杰拉德·维瑟（Gerard Visser）论及尼采的超人时所采取的立场（Visser 1999）。维瑟认为，对于尼采而言，人类如何自我战胜的问题意味着"人类"概念的结束和一个新概念"超人"的开始。后者再也不能被理解为对人类本性或本质的一般定义，而是描述了人类的每个个体身上独一无二的、不可简化的性质："超人不再是人类中整齐划一的一个人，而是一个独一无二的个体"（Visser 1999：107）。对于维瑟来说，尼采关注的问题是："是否每个个体都应该宁可做一个实验，凭借人类最独特的东西，创造一个高于人类的物种（Gattung）"（KSA 9：6 [158]）。

[28] 克里斯塔·戴维斯·阿卡帕拉创造了"巧妙的自然主义"这个术语来把握尼采的自然主义思想这一层面（Acampora 2006）。

[29] 依照保罗·彼肖普（Paul Bishop）的观点，在卡尔·古斯塔夫·荣格的心理学中，人性的自然化也是岌岌可危的（Bishop 2009）。从他的角度来看，通过呼吁一种新的自然概念，一种摒弃自然法则的概念，尼采呼吁一种新的人类概念（HH 3）。

[30] 关于弗洛伊德与尼采关系的争论，请参阅 Gasser 1997、Assoun 2000。亦可参阅提耐·比克曼（Tinneke Beekman）对弗洛伊德反对哲学（包括尼采的哲学）的主要观点所进行的非常有益的概述（Beekman 2009/2010）。

比克曼指出，"弗洛伊德引入的每一种反对哲学的元素都是尼采了然于胸的"，因此"尼采不能成为弗洛伊德轻视哲学家的对象"（Beekman 2009/2010：114）。相反，比克曼认为"尼采，伟大的心理学家"，已经预见到了弗洛伊德坦承（弗洛伊德宣称尼采的哲学是形而上学）的局限，因此弗洛伊德的"元心理学"在形而上学层面完全和尼采的哲学不相上下（Beekman 2009/2010：117）。

[31] 请参阅阿兰·D. 施里夫（Alan D. Schrift）的相关著述，他认为超人是尼采对康德"人是什么"这一问题的回答（Schrift 2001：47-62）。

[32] 格兰尼尔似乎认为弗洛伊德也从尼采那里接受了自然人这个术语，但据我所知，是宾斯旺格用尼采的这个术语来描述弗洛伊德的人类概念。根据格兰尼尔的说法，弗洛伊德在用自然人这个术语来定义他的人类概念时并没有意识到宾斯旺格实际上引用了尼采的话。

[33] 关于尼采，卡尔·洛维特提出了一个类似的观点：尼采对人类本性的重建在很大程度上受到了希腊古迹和文艺复兴时期的人类提供的自然的人性的历史哲学例子，以及一些现代性的个别例子如歌德和拿破仑的启发（Löwith 1933）。

[34] 关于希腊对尼采自然观的影响，请参阅 Strong 2015、Hatab 2015。

[35] 亦可参阅尼采关于这一点的论述："人类的再自然化需要有接受突如其来的和不可预测的（Durchkreuzende）意愿"（KSA 9：11 [228]）。

[36] 回想一下《善恶的彼岸》第 230 节："让人类复归于自然；日益明了 *110* 迄今为止在那个永恒的基本底稿自然人之上潦草涂画的许多徒劳无功的、过于热情的诠释和内涵；为了确保人类从今以后以如下姿态站立在人类面前，就好像他经过严格的科学训练之后已变得坚定，而站立在其他形式的自然面前那样，两眼像俄狄浦斯的眼睛那样勇敢无畏，双耳像奥德修斯的耳朵那样紧紧塞住，对旧形而上学的捕鸟者的塞壬之歌充耳不闻，这些捕鸟者的引诱

声已在他耳边响了太久：'你拥有的更多，你的地位更高，你的出身与众不同！'"（BGE 230）

[37] 关于这一点，请参阅 Ansell-Pearson 2000。

[38] 亦可参阅："19 世纪人类的再自然化（18 世纪是优雅、精致和慷慨的世纪）。而不是'复归于自然'：因为那里从未存在过某种人类的自然性（natürliche Menschheit）；经院哲学的非自然和反自然价值观是规则，是开端；人类只有经过长期的斗争才能达到自然——它永远不会'复归于'它……自然，亦即敢于像自然一样与道德无关"（KSA 21：10 [53]. 182）。

第四章　生命政治学、性征和社会变革

　　弗里德里希·尼采关于"永恒的女性"、"自在的女性"以及男女之间必要的对立的言论让他落得个厌女主义者的名声，对于妇女在法律和政治上平等的要求而言，尼采成了一位反动分子。也许尼采在这方面的思考没有比查拉图斯特拉和"小老妇人"之间的交流更臭名昭著。"小老妇人"给超人这位先知提供的建议是："你正要探访女人吗？别忘了鞭子"（ＺⅠ："老妇与少妇"）。然而，人们也普遍认为，尼采关于性征与道德之间关系的见解是十分富有启发性的。从西格蒙德·弗洛伊德到米歇尔·福柯，再到朱迪思·巴特勒（Judith Butler），我们对性是如何影响我们成为什么样的人的理解，都因为尼采的见解而得到了伟大的并且实际上是有助于解放的修正。在尼采和性征的主题上出现如此对立的观点的原因之一要归于他对人类本性的论述。诉诸自然人可能会被诠释为性征的自然化，并与女性主义者认为生理特征并非天命的信念冲突。但正如我到目前为止所论证的，如此解读尼采的思想会不得要领。尼采的主要论点认为复归于自然是转变的基础。

　　在这一章，我提出了一个假设，即尼采设想了人类的自然化，"将人类复归于自然"（BGE 230）如同一种解放，因为赋予力量的体验使个体得以重新发现他们的性征是一种创造性和变革性的力量。如前几章所述，自然人是尼采用来使人类去本质化的表达。因此，尼采关于性征的论述并没有将性征确定为人类真理的本质核心。事实上，只有采用尼采的分析，将"追求真理的意志"作为权力意志，福柯才能极好地确定现代性晚期性科学（scientia sexualis）的主导地位（Foucault 1990b）。尼采所探究的一切都反对他求助于形而上学的真理观念，并且恰好反对他在思考性征问题时求助于形而上学的真理观念。这就是为什么对于巴特勒来说，"出于我们的目的，这种尼采式的批判（对形而上学的实质性批判）在应用于心理学范畴时变得富有教益，而心理学范畴支配着许多关于性别认同的普遍性的理论思考"（Butler 1999：28）。同样地，正如雅克·德里达在他对尼采关于女性和真理的论述的解释中所论证的那样（Derrida 1998）。尼采解释了性征现象——从生物学（性别）到社会（性别）的表达，以表示（人类）本性的他者性、他异性或延异性（différance）。这种人类本性的他者性允许个体甚至社会关系放弃真理的话语，这种话语反映的是各式各样凌驾于自然之上的权力形式，无论这些形式是科学的、道德的还是形而上学的^[1]。依照尼采的观点，直言不讳的反道德美德，要求对追求真理的意志进行批判，并没有将这种批判表述为一种针对或属于性征的论述，而是要求个体把自身理解为具有某种性征的存在。直言不讳，而不是追求真理的意志，表明"一个人的性爱状况的层级和种类（Grad und Art der Geschlechtlichkeit）的高度，等同于他精神的最高巅峰"（BGE 75）^[2]。

113

　　如第三章所述，让·格兰尼尔对尼采的自然人和弗洛伊德的自然人的解读表明，他们的基本共识是，人类本性是不可接近的，每一次试图把人构造成某种纯粹的知识对象的尝试都无功而返。致力于直言不讳的哲学家们承认，"基本底稿"自然人的发现总是通过神话和想象来进行，这些神话和想象在发现自然的同时创造与再现自然。此外，路德维希·宾斯旺格对尼采的自然人和弗洛伊德的自然人的诠释确定了他们的根本区别，即弗洛伊德缺乏人类转变的理论，而宾斯旺格发现，相比之下，尼采的超人概念是人类转变理论的典范。在这一章，我认为尼采的性征概念提供了另一个论点，支持对人类本性之转变的解释。

　　对于尼采而言，人类的未来问题迫在眉睫地取决于人类是否能够重新体现性征，并确认自己是一个"更自然"的性存在。尼采所设想的性本质并不是一种预先决定我们身体功能的生物禀赋。毋宁说，通过复归于作为混沌的驱动力的自然，性征的实现体现了"成为真正的我们"的任务。这也许使一种说法成为可能，这种说法认为，对于尼采而言——正如对于他的一些像露丝·伊利格瑞（Luce Irigaray）这样的心理分析方面的诠释者而言，性别差异先于任何

114　社会或象征性结构，但从某种意义上说，"性"（在某些层面）是一种"自然的"禀赋（相对于"文化的"建构而言）（Irigaray 1991）。更确切地说，酒神的"真实"相对于阿波罗的象征结构来说，占据了一种诗意神话的先验性，只有在这种先验性的基础上，才能建立起一种创造性的性生活。因此，尼采对现代女性主义批判的"反动"气氛很大程度上是由于他试图恢复一种古老的、被遗忘已久的对自然的理解或经验，不是为了就事论事，而是为了一个打开未来、面向人类形变和转变的向前运动的机会。尼采关于人类本性的思考，涉及我们还能成为谁的问题，因此为人类本性的某种文化更新做好了准备。

巴特勒认为：

> 因此，无论男性还是女性，内在的一致性或统一性都需要一种稳定的和反向的异性恋。……强制性和自然化的异性恋习俗要求并规定性别是一种二元关系，其中阳性和阴性是有区别的，这种区别是通过异性恋欲望的实践来实现的。（Butler 1999：30-31）

我旨在表明尼采对现代女性主义的批判，加上他对古老的酒神式性别差异方法的反现代复兴，对于破坏这种规范性异性恋的意图是有用的。与此同时，我希望表明，尼采的这种"向后看"策略并没有陷入谬误，这种谬误假设了一个"从异性恋结构中解放出来的乌托邦的性观念，一个超越'性'的性"（Butler 1999：39）。他关于命运是奇点的论述也不等于"回归生物学，以此作为特定女性性行为或意义的基础"（Butler 1999：39）。然而，一个有趣的问题是，尼*115*采关于性征的论述在精神上更接近巴特勒自己的提议，这种提议基于性别扮演模式的解构。由此，"同性恋和异性恋文化中异性恋结构的重复很可能是性别范畴非自然化与转移的必然场所"（Butler 1999：41），或者说，尼采关于性的论述更接近盖尔·鲁宾（Gayle Rubin）的"亲情革命"，这将"根除"某种"女性的敌对，这种敌对的痕迹不仅体现在当代异性恋的制度化中，而且体现在残余的心理规范（心理的制度化）中，这些心理规范认可并构建了异性恋的性和性别认同"（Butler 1999：95）[3]。如果我们知道谁该得到那著名的鞭子，它的用途是什么，这个问题的答案就会简单得多[4]。

在《性史》（*History of Sexuality*）第一卷，福柯指出，鉴于盛行的弗洛伊德的"性压抑假说"，性在维多利亚时代被如此广泛和公开地讨论是多么奇怪，尼采也属于维多利亚时代。事实上，对于福柯而言，性话语的扩散暴露了这样一个事实，即性已经被认为是主体的新真理，主体如果能够认识自己，就必须承认这个真理。对于福柯来说，精神分析属于这种传统的边缘，也许这种形式的忏悔会引出一种解放的意识，即一切根本无关紧要，根本没有可以忏悔的罪。因此，性征化是追求真理的意志采取的主要形式，以此构成作为主体的个体。

在《性史》的后续几卷，福柯从早期基督教的乡村实践到希腊罗马式的自我反省，追溯了这种忏悔式真理观的考古学，所有这些最终都源自苏格拉底的观点。只有在他在法兰西学院的最后几次演讲中，福柯才提出了一个与忏悔相反的概念，即说真话的直率，或者对权力说真话。正如我已经指出的，对于福柯来说，说真话的直率最激进的形式是由犬儒主义者来实践的。然而，除了对当时性政治的非学术性干预，特别是对今天可能被称为酷儿的"生命形式"
（Foucault 1997：135 - 140）进行理论化之外，福柯并没有系统地从
犬儒主义的说真话的直率回溯到性征。接下来，我想说的是，如果
福柯回到维多利亚时代，他可能就会意识到尼采对性征采取的是一
种特别犬儒主义的态度。因此，我在本章对尼采关于女性、男性和
性征的近似论述，将集中于直言不讳或"刚正不阿"（尼采用来描
述说真话的直率的术语）和关于性征的论述之间的联系。

　　直到《性史》第一卷的结尾处，福柯才揭示了性取向出现的原
因：其原因在于生命政治学，也就是说，原因在于权力的转变，权
力将生物生命视为其最恰当的目标。由于性在 19 世纪的生物学思
想中被确认为生命的源泉，社会再生产首先意味着物种的繁殖，所
以很明显，性征处于自然和社会的十字路口，将成为现代生命政治
学的决定性工具（Foucault 1990b）。尼采关于性征的论述需要被置
于 19 世纪更广泛的生命政治学背景中，彼时同时发现了自然的性
征化和性征的社会化。正如沃尔夫冈·里德尔所表明的那样，发现
生命的异性恋/双性恋（Zwiegeschlechtlichkeit）是 19 世纪生物学
117　自然观的核心："1900 年左右，无论在生物学、哲学领域还是在文
学领域，任何想谈论自然的人都必须谈到性"（Riedel 1996：xiii）。
在这一观点上，自然的性征化是当时哲学人类学和文学人类学的鲜
明特征，因此，它也在尼采关于自然人的论述中得到反映、采纳和
调整。同样地，19 世纪关于性征的论述的另一个显著特征是出现
了基于性别分工的社会理论（Rogers 1978）。根据安德里亚斯·乌
尔斯·索默的说法，尼采意识到那些当代政治思想家将性冲动视为

社会的基础（Sommer 2016：656）[5]。在这一章，我认为尼采在他对古希腊的思考中，尤其是在他对酒神的发现中，以一种自觉的生命政治学的方式，对自然的性征化和性征的社会化做出了回应。罗伯托·埃斯波西托（Roberto Esposito）提出了一个有趣的假设，尼采对酒神的关注是如何与生命政治的情景相契合的，在生命政治的情景中，性（依照福柯的假设）扮演着至关重要的角色。对于埃斯波西托来说，尼采批评了 19 世纪发端的自由主义——而在性征方面，这一批评针对的是对男女平等权利的要求——因为他把自由（平等权利）视为一种应变量，亦即一种增强"免疫力"或确保个体对抗社会或流俗的桎梏的应变量纽带本身的功能。根据这一假设，尼采转向权力意志和酒神是一个矛盾的"过度免疫"时刻，在这一时刻，社会被要求保护自己免受过度保护（在个体层面）。这导致尼采以性别歧视和种族主义的方式激进地看待生命政治学。据此，"生命"只有通过在更高和更低的生命形式之间进行"选择"的过程才能得到提升，也就是说，只有消除那些以同样的方式保护每个人生命的平等主义和自由主义的法律与政治障碍，"生命"才能得到提升（Esposito 2008，2011）。接下来，我建议对尼采的生命政治学进行另一种更肯定的解读，与他关于性征和酒神的论述相联系，再一次以犬儒主义的生活形式为例。

118

自然人与女性主义

尼采提及自然人之后，紧接着在《善恶的彼岸》第 231—239

节的系列格言中提出了有名的关于"自在的女性"和"'男性和女性'的基本问题"的争议性主张。这些文本通常作为一个不同的主题或不相关的主题被搁置在一边，这一主题被认为只是与他对人类本性的思考和再自然化的任务有偶然性的联系[6]。与现存的对《善恶的彼岸》的解读不同的是，我认为尼采对自然人这一主题的追求并没有在第230节止步。相反，在《善恶的彼岸》第231—239节的系列格言中性被作为人与自然关系的第三个要素引入，这对人类文明向一种更真实的和更自然的人性转变至关重要。尼采关于人类本性之思考的文化政治维度迄今为止尚未得到学者们的充分关注，学者们要么过分关注尼采哲学中的科学自然主义问题，要么指控他的厌女症或为他辩护[7]。

为了理解自然人（BGE 230）与性征问题领域（BGE 231 - 239）之间的关系，我们需要对第231节进行更深入的研究。《善恶的彼岸》第231节既被看作连接自然人问题和性征问题的一个桥梁，也被看作从讨论人类本性到探究个体本性的某种过渡[8]。在《善恶的彼岸》第231节，尼采引入了一个"精神的天命（fatum）的花岗岩"概念，意指某种亘古不变和不可转化的事物，"在深层"（da unten），内在地定义了所有个体和每个个体的本性与命运。诠释者通常认为，这种对"精神的天命的花岗岩"的提及与性的某些层面或性征有关，在某种程度上先于性别的任何社会的或符号的建构。对尼采进行的女性主义解读中，这一文本受到了格外的关注，引发了一场关于在人类本性问题和性征问题上尼采究竟是本质主义者还是反本质主义者的争论。

在《尼采笔下的女性》（*Nietzsche's Women*）中，卡罗尔·狄特（Carol Diethe）的透彻研究比较了让-雅克·卢梭和尼采对"女性的性征具有操纵性"的描述：

> 诚然，卢梭关于女性本性的版本和尼采的捕食性的女性概念有很大的区别。在卢梭的版本中，理想的女性被构建为"男性的更好的自我"并被视为歌德的"永恒的女性"的原型；而在尼采的版本中，捕食性的女性是被"孕育意志"推动的。然而，卢梭和尼采这两位男士都认为，女性的"本性"是独立存在的，可以在不考虑社会因素的情况下进行分析。（Diethe 1996：67）[9]

狄特承认尼采打破了以拜罗伊特的侯爵夫人威廉明妮（Wilhelmine）为代表的上层社会"对受人尊敬的女性的性行为的否认"，因而宣称"女性应该而且确实和男性一样享受性行为"（Diethe 1996：47）。她也看到一些尼采最明显的厌恶女性的言论适用于"上层社会"中的女性在"婚姻集市"中的竞争，这在《善恶的彼岸》第 237 节得到了证明（Diethe 1996：68）[10]。然而，她说这"另一个尼采，是一位看到女性受到不公平待遇并为她们说情的男性"。这另一个尼采因为尼采对亚瑟·叔本华观点的坚持而变得黯然失色。叔本华将性行为视为生命意志（Wille zum Leben）的体现，这个决定性的影响因素导致尼采最终认为"女人的性行为与养育孩子密不可分"（Diethe 1996：47）。再一次，她的观点是，"尼采坚决拒绝考虑任何使性别辩论'超越鞭子'的社会因素。尼采的坚决拒绝从一开始就让任何关于女性固有的不同本质（无论如何，作者都强烈反对这个概念）的讨论变得不平衡"（Diethe 1996：71）[11]。狄特毫无疑问地认为，在尼采那里，"女性的性欲"与不可改变的人类本性观念紧密相连，这种观念不受社会变革的影响。

其他学者虽然是通过女性主义的视角来分析尼采，但在尼采对他那个时代"女性问题"的批判中看到了一种明显的反本质主义倾向。例如，林恩·蒂雷尔（Lynne Tirrell）认为："很明显，尼采并没有将性二元论视为世界上的一个不可改变的事实"（Tirrell 1998：206）。她把尼采的预言解释为他反本质主义的标志。尼采预言："在欧洲的三四个文明国家里，经过几个世纪的教育，女性可以变成任何事物，甚至是男性：当然，不是在性的意义（geschlechtlichen Sinne）上，而是在所有其他意义上"（HH 425）。她做此解释的理由在于，从本质主义的角度看，这种性别的转变是不可能的（Tirrell 1998：206）[12]。然而，蒂雷尔发现尼采缺少的是"与定义'女性'这一范畴的性二元论相关的权力问题的复杂性"（Tirrell 1998：207）。那些一般性的解读将尼采视为"一位本质主义者、女权的反对者、男性美德的狂热者、男性统治的倡导者"（Higgins 1998：131），与那些一般性的解读相左，凯瑟琳·玛丽·希金斯（Kathleen Marie Higgins）认为"《快乐的科学》为性别理论提供了一个真正令人兴奋的入口"（Higgins 1998：138）。她承认虽然尼采可能是一个"生物基础主义者，但他不是一个生物决定论者"（Higgins 1998：144）："即使他仍然为一个异性恋的二元对立概念所束缚（这个问题本身是有争议的），他也认为有许多类型的女性对现实有不同的心理感受，这一观点引发了对可能性的探索"

（Higgins 1998：146）。

　　无论他们是否同意尼采理论中社会实践带来的性别变化的可能性，女性主义解释者都有一个共同的假设，即他关于性别差异的论述与本性的恒定性有关。问题在于，尼采清楚地区分了性和性别，也就是说，在"于生殖过程中扮演某种角色的生物潜力"和"社会赋予那些生理上是男性或女性的人的偶然角色"之间做出了明确的区分（Higgins 1998：131）[13]。这种区分可能有助于表明"尼采……敦促他的读者认识到性别角色的偶然性，并考虑改变它们的可取性"（Higgins 1998：131）。

　　但是，坚持在（确定的）性征和（建构的）性别之间做出标准区分时，这种诠释对于劳伦斯·朗佩特所倡导的对《善恶的彼岸》的解读并不构成问题。他认为，"精神的天命的花岗岩"指的是个体的"性别"，一个人出生时不是男性就是女性的"事实"，而且这种个体本性的二元论从属于通过有性繁殖来保存人类物种生命的更高逻辑（Lampert 2001：233-242）。在"性征"的旗帜下，这一观点提出了一种本质主义的自然观，认为性征是人类生活无法制作和改变的特征。从这个角度看，性征是阻止个人彻底改变自身的因素。与之相比，我在本章的观点正是要质疑在对尼采的女性主义解读中发现的假设，即性征和/或性别差异，处在与性别相反的位置上，逃脱或阻碍了社会的变革。毋宁说，诉诸自然人的反本质主义及其与性征和/或性别差异的关系，为性征和性别的转变准备了基础。在我看来，尼采的自然概念是与转变有关的，而性征在人类的再自然化和向一种更自然的人性的转变中扮演着关键的角色。

122

在《善恶的彼岸》第七章"我们的美德"的中间部分，尼采论及了对人类本性的思考。在这一章，狄特认为尼采"捍卫女性的立场，为女性纤巧的愚钝辩护"（Diethe 1996：45）。在这一章，尼采为欧洲的文化复兴定下了基调，这将抵消正在进行中的自由启蒙运动的进程，他提出了这样一个问题：要实现向超越善恶的道德的转变（Übergang），需要什么美德（若有的话）（van Tongeren 2014：148）？在"我们的美德"中，尼采认为人类的再自然化是迈向这种文化复兴的第一步。此外，再自然化是一项需要正直的任务。然而，尼采所理解的再自然化需要美德——假定正直是我们摆脱不掉的美德（Redlichkeit, gesetzt das dies unsere Tugend ist）（BGE 227）——这种美德不再被认为是一种道德美德。正直作为一种道德美德，在向超越善恶的道德的过渡中被克服了。因此，美德和人类 *123* 的转变既意味着一种从道德转向超道德的下沉（Untergang），也是一种从道德转向超道德的跃升（Übergang）[14]。

尼采所强调的问题是，"自在的女性"和"'男性和女性'的基本问题"在启蒙运动的筹划与他的反建议中所扮演的角色。尼采在女性与真理的关系问题上提出了反道德的正直思想，并将性征问题作为"精神的天命"[15]来看待。鉴于正直在"我们的美德"一章中所起的重要作用，评论家们认为《善恶的彼岸》第 231—239 节例证了尼采是如何构想超越善恶的正直的。他关于女性和两性之间战争的个人观点证明了实践中的某种正直[16]。依照克里斯塔·戴维斯·阿卡帕拉和基思·安塞尔-皮尔森的理解，《善恶的彼岸》第 231—239 节表明尼采将他自身的愚钝（Dummheit），"作为哲学家对诚实的承诺的一个必要方面，并以赤裸裸的方式看待事物：假设、预设、偏见——常常伪装成永恒的真理和智慧的珍珠"（Acampora and Ansell-Pearson 2011：168）。阿卡帕拉和安塞尔-皮尔森用这些节段来证明尼采认为自由精神是如何践行其诚实的。诚实，也就是"他试图在尼采著作的第七部分的结局中说明的关键美德"（Acampora and Ansell-Pearson 2011：169）。这一观点在莫德马里·克拉克（Maudemarie Clarke）的观点（Clarke 1998）中达到顶峰，据此，第 231—239 节的系列格言较多地揭示了尼采的真理（meine Wahrheiten），揭示了他论及性征问题的愚钝，而较少地与"自在的女性"（BGE 231）相关。

虽然我同意评论家们的观点，《善恶的彼岸》第 231—239 节所表达的意见是哲学家追求真理的明证。也就是说，思想家致力于正直（redliche Denker），他重新发现了"基本底稿"自然人，但是我不同意这样的观点：尼采论及的愚钝以及他关于"自在的女性"的真理，与他对性征的思考及其在克服道德方面的作用无关。似乎"自在的女性"和"性征"的主题可以被任何其他主题取代，似乎任何其他主题也可以被用来说明正直是一种变革性的美德，它引领人类超越善恶。似乎对于尼采来说，是"正直的/诚实的"（redlich）只须承认一个人关于女性的真理是"愚钝的"。相比之下，我认为，要想克服把正直视为某种道德美德，就需要将性征视为一种自然力量来加以肯定，它使人类能够自我克服和转变。性征是尼采在《善恶的彼岸》"我们的美德"这一章思考正直的关键，任何其他方式都不如它有效。

　　但是性征究竟是如何与（社会和文化）变革联系起来的呢？据我所见，尼采在讨论"'男性和女性'的基本问题"时，阐述了对人类本性进行社会转变时的生命政治驱动力（BGE 238）。在尼采的酒神概念中，自然成为对理性和道德的否定，并与混沌概念联系在一起，混沌是某种无序的状态，亦是驱动力和性征的不可简化的多元性（Riedel 1996：191）。认识到人类是一种与自然相连的生物，否认动物与人类之间存在着的任何根本的区别，尼采将塑造自然人的任务置于酒神的名下，以便在性征中确定现代个体从西方解放出来的主要场所，主要是从基督教的人类本性观念中解放出来（BGE 238）。但在尼采看来，酒神也代表了将性征接纳为社会变革的一种载体，它反映在荷马式的观念中，即自然是两性间的"战

125　争"。它是权力关系和各自的支配与解放动态的场所。

　　对于尼采来说，关于酒神的辩论无疑是生命政治的：酒神式性征方法从一开始就把性征理解为自然和政治之间的缠绕。早期的法兰克福学派和最近的埃斯波西托都清楚地看到，为了使一种生命政治和死亡政治合法化，利用尼采对资产阶级基督教文明的批判——甚至利用代表了一种自由的酒神生活的对日神自身维度的批判，这可能这是真实的。阿尔弗雷德·博伊勒（Alfred Baeumler）在他1928年的文章《尼采和巴霍芬》（"Nietzsche und Bachofen"）中已经意识到了这一点。博伊勒认为，约翰·雅各布·巴霍芬恢复的母权制是基于他发现了日神男性神与酒神女性神之间的斗争。这种母权制试图让欧洲人重新意识到希腊人对待性征的方式，而这会对资产阶级的基督教统治提出质疑（Baeumler 1928）。虽然承认巴霍芬

对尼采复苏酒神的影响，但博伊勒的论点是，尼采最终拒绝了巴霍芬的观点和酒神的优先权，理由是它不够"阳刚之气"，取而代之的是，优先考虑希腊的军事"英雄主义"概念，集中在竞博（agon）这一范畴上。众所周知，博伊勒后来加入了纳粹运动，并成为其核心理论家之一。他是挪用尼采哲学支持纳粹战争的关键支持者（Whyte 2008）。与之不同，我在这里提出的解释不是将竞博维度与酒神式性征方法分开，并认为在这个对母系制的关注中，关键之一是解释为什么尼采所理解的性征对人类的再自然化和社会关系的转变都至关重要，这种社会关系的转变意味着人类通过克服各种统治形式，能够迈向更高的、更自由的社会交往和政治组织形式。为了说明这一点，本章总结了一些关于尼采的社会想象的初步想法，以及他对未来文化和社会的设想，这些设想可能受到了古代犬儒主义所理解的性征和说真话的直率之间的联系的启发。在我看来，向超越善恶的道德的过渡发生在追求真理的意志与道德理想脱钩的时候，特别是与关于人类本性的错误理想脱钩的时候。这种脱钩最初是由古代犬儒主义者在他们与身体和性的关系中付诸实践的，以此来克服社会在自然和人类之间设置的障碍。我认为，尼采关于自然、性征和政治的思考可以在古代犬儒主义中找到其先驱。

性征、个体的本性和自我认知

对人作为一个自然的和有生命的存在、作为自然人的肯定，导致尼采在《善恶的彼岸》第 231 节探究个体的本性及其对自我认知和自我转变的追求。值得记住的是，首先，"基本底稿自然人"的发现并没有导致尼采假定某种人类学来阐发一系列关于人类本性的普遍理论主张；其次，它不是对人类的类生命进行某种科学式重构或生物学改造过程的起点。相反，尼采将他的读者带到了他对知识和自我认知的追求的核心，他自己的"精神的天命"：

然而在我们的根基里（im Grunde von uns），真正的"深层"，诚然有某种不可教导者（Unbelehrbares），某种对预先确定、经过挑选的问题（vorherbestimmte ausgelesene Fragen）的预先确定的决断和回答（vorherbestimmter Entscheidung und Antwort）所拢成的精神的天命的花岗岩。在每一个枢要问题上，都是一个不可变的（unwandelbares）"这就是我"在说话；例如，关于男性和女性，一个思想者不能重新学习（umlernen），而只能完成学业（auslernen）——关于这些只能最后揭示出在他这里"笃定"（feststeht）的东西。人们及时找到了对问题特定的、正好让我们有了强大信念的解答；也许今后便称之为他们的"信条"。后来——人们在这些解答中只看到通向自我认知的足迹，通向我们所是的那个问题的路标，更确切地说，通向我们所是的那种伟大的愚钝，通向我们的精神的天命，通向整个"深层"的不可教导（Unbelehrbaren）之事。基于那种充分的乖巧（Artigkeit），即我怎样偏偏自己干出反对自己的事的那种乖巧，也许更应该允许我对"自在的女性"道出一些真理：假定人们此刻已经先行知道，

在何等程度上，这些偏偏只是——我的真理。(BGE 231)

尼采的问题指的是"在我们的根基里"，真正的"深层"，"某种精神的天命的花岗岩"以及为什么这个精神的天命的花岗岩通向的"我们所是的那个问题的路标，更确切地说，通向我们所是的那种伟大的愚钝"，这些问题一直困扰着许多评论家。

朗佩特认为，尼采关于"自在的女性"的思想是"一个思想家的思想，他的冷酷任务是重新发现基本底稿自然人，并在与现代观念的对抗中动用那个重新发现的底稿"(Lampert 2001：233)。从这里，朗佩特推断，当尼采说到"深层"，他说的是男性、女性的差异是自然的、不可改变的：

> 与现代观念相反，男性和女性具有一种根深蒂固的差异，是我们人类动物过去不可教导、不可改变的遗产的一部分。在"我们的美德"的结尾处，这些节段（第 231—239 节）认为，适用于男性和女性的现代平等观念掩盖了物种遗传的基本底稿。(Lampert 2001：233)

128

根据朗佩特的说法，论及"男性和女性"的那些节段延续了第 230 节的主要内容，讨论了精神的两种相互竞争的意愿。这种延续性似乎支持了朗佩特的观点，即尼采是论述人类本性的本质主义者，性征不仅作为"男性和女性"之间区别的标志，而且作为定义人类的类生命的最终驱动力。

朗佩特认为，"精神的基本意志"超越了性别：

> （"我们的美德"）这一章的最后一个主题，性别之间的战

争，在性别的自然划分中表达了心灵的两种倾向，最基本的意志是创造和维持艺术式的表层，而叛逆的意志则是穿透到真正的深层。尼采关于性别的立场在其根源上是本体论和认识论的；善于装饰表层的或女性的艺术与智力对表层的肆意穿透形成对比，并不可避免地与之交战。（Lampert 2001：233）[17]

与朗佩特相反，我没有把尼采的"深层"解读为"性别差异的最基本真相"，不认为"男性和女性"之间存在着"一种根深蒂固的差异"（Lampert 2001：233，235）。朗佩特错误地把"精神的天命的花岗岩"与性别差异画上等号，这样一来，似乎尼采的观点是每个人的精神的天命只是一个生物学事实，而他清楚地表明了这个天命是某个"对预先确定、经过挑选的问题的预先确定的决断和回答"（BGE 231）的一个函数。

129 值得注意的是，在《善恶的彼岸》第 230 节，尼采引入了"精神的基本意志"概念，并将其定义为两种相互竞争的和相互对抗的驱动力之间的张力。一方面是把异质成分占为己有的意愿，为的是感觉到成长，感觉到力量的增强；另一方面是遗忘的意愿，果断地紧闭心扉，拒人于千里之外以及突如其来的对无知的肯定（BGE 230）。尼采继而说后者最好被理解为一种"想要纯粹外观、决意简化、喜欢面具、善于伪装的意志，简而言之，适合于表层的意志——因为每一表层都是某种遮盖物——与知识探求者精益求精的爱好背道而驰"，另一种反驱动力是追求真理的意志，它"坚持深刻地、多维度地和透彻地看待事物（die Dinge tief, vielfach, gründlich nimmt und nehmen will），并执意于某种凭理智做事者之良知和品味特有的

残忍（Grausamkeit des intellektuellen Gewissens und Geschmacks）"（BGE 230）。在我看来，朗佩特误读了精神的基本意志中两种相互竞争和相互对抗的驱动力之间的张力，也就是说，追求无知的驱动力和追求知识的驱动力之间的张力。然而，尼采对精神的基本意志与胃的消化能力进行了比较：在成长的驱动力（将异质成分占为己有的能力）与保护自己不受无法消化之物伤害的驱动力（紧闭心扉，保护自己不受他人伤害）之间挣扎。在这个意义上理解，精神的基本意志被比作尼采在《善恶的彼岸》第 22 节引入的权力意志。

在将生命视为权力意志的背景下，追求真理的意志，"探求知识者的意愿"似乎是反自然的，是与生命相悖的。为了回应这个明显的矛盾，尼采热切地证明哲学不是反自然的，并声称在追求真理的意志的基础上，我们发现了动物的残忍："每一种认识（Erkennen Wollen）意愿中都已带有一滴残忍"（BGE 229）[18]。从尼采肯定动物性和残忍的文化生产力的维度看，人类文明的不知足并不源于追求真理的意志本身，而是源于某种在道德（和现代观念）的统治下追求真理的意志，后者反映了对自然和动物的文化（转化）力量的一种否定。因此，尼采主张哲学的某种再自然化，将追求真理的意志从道德中解放出来。后者的例证是思想家的诚实，他确认在所有知识的根基之处我们都能发现动物的残忍（BGE 229）。

从尼采的道德批判角度来看，第 231 节首先关注的是"基本底稿自然人"的发现对哲学究竟意味着什么，或者，换句话说，对超越善恶的哲学究竟意味着什么。在第 229 节尼采提醒他的读者注意

130

人类的所谓动物式的过往，即处于文化肇始之处的"野性而残忍的动物"（wilde grausame Their，BGE 229）。同理，第 231 节也是首先要把人类重新置于动物和植物之中。这一节格言强调的是自然和人类之间的连续性，并将我们的目光带回（人类的）身体及其代谢中："学习使我们变化（verwandelt）；学习做的是一切滋养都在做的事，滋养不只是'养活'——生理学家知道这个"（BGE 231）。尼采比较了对知识的探求和对营养的追求，解释了人类学习是一个转变的过程，与植物生命的生理机能相关。面对"基本底稿自然人"，尼采重新思考人类是什么，而人类发现自己是一种生物、一种动物、一种有机体，这在哲学上意味着什么（Riedel 1996：205）。因此，对"基本底稿自然人"的肯定不可避免地提出了性征问题："'男性和女性'的基本问题（Grundproblem）"（BGE 238）。然而，在我们转向这个问题之前，我们需要解决的问题是：自然与转变有何关系？知识和对真理的追求是否促进了人类的自我转变？

尼采追求的是"使我们发生转变"的知识。但他似乎暗示，"在我们的根基里，'真正的深层'"，有某种东西是预先确定的、不可教导的、不可改变的，即某种被固定好和设置好的东西：某种精神的天命的花岗岩，它无法被触及并且被移除出自我转变的进程（BGE 231）。奇怪的是，尼采将描述人类本性的不可接近性的术语——预先确定的（vorherbestimmt）、不可教导的（unbelehrbar）、不可改变的（unwandelbar）、被固定好的（fest）与暗示相反性质的术语配对，即与人类本性的流动性和可变性组成一对。他谈到了"决断和回答"、"经过挑选的问题"、"对问题的解答"、"自我认知的足迹"和"我们所是的那个问题的路标"。所有这些术语都表明，哲学上的生命是一种自我生成和自我克服的生命，是一种公开探索和求知的生命，是一段不断自我发现的旅程，在这里，"我们是谁？""永远已被解答，也永远依旧是开放的"（Owen 1998：320）。

在尼采对个体的本性的描述中，预先确定的、不可教导的、不可改变的、被固定好的等术语并没有指向人类本性的实质。更确切地说，自然人的发现与肯定知识的有限性是同步的。大自然的问题在于，尽管它属于我们，并从本质上定义了我们，但它是我们永远无法完全捕捉、理解并创造了我们本身的某物："由于必然性，我们对自己一直是陌生的，我们不了解我们自己，我们必定稀里糊涂地错判自己，'每个人都离自己最远'这句格言永远适用于我们——当涉及我们自己时，我们都不是'优越的知者'……"（GM 1）这就是为什么在追求自我认知的过程中，我们通过错误来学习，临时性的解决方案和答案——"信念"——让我们看清的是我们不是谁。因为，严格地说，没有任何事物能让我们了解我们之所是。在这里，正如尼采所说，思想者只能"完成学业"，从字面上说，从知识之中退场，并使他们对知识的追求稍做歇息（zu Ende entdecken）（BGE 231）。在这里，学习过程触到了礁石，因此可能暗指花岗岩。追求真理的意志和对知识的追求只能使我们在追求（自我）转变与文化更新的过程中达到某一点。最终，改变思想方式（umlernen）需要学徒期满（auslernen）以改学另一方式：理性需要停顿下来，并最终承认，如尼采所指出的，所有的文化成就都是自然的成就（HC）。它们不是理性的作品，而是自然的作品：

> 归根结底，所有的思想都依赖于一些"深层"不可教导的事物，依赖于某种根本的愚钝；个体的本性、独特的本质，不是显而易见的和普遍有效的洞察力，似乎，是所有重要的理解和知识的基础。（Strauss 1983：190）

理性的局限性以及对自然的文化力量的承认，使人回想起尼采对罗马人和希腊人做出的区分以及他声称严格意义上自己从没有从希腊人那里学到什么：他们"太流动"，"太难以接近"（TI"古人"）。也许尼采从希腊人那里学到的是，在充盈和富足的自然面前，我们需要的是"学徒期满"。真正的转变需要的不是退回到自然，而是跃升到自然，跃升到一个新发现的自然。这意味着，正如安妮玛丽·皮珀（Annemarie Pieper）所言，一个人理解"整个自然并非基于人类自我理解的视角，而是从相反的视角，从非人类本性的充沛视角来理解人类本性"（Pieper 2012：60）。当尼采将"自在的女性"和"深层"放在引号中，这既不是指男女之间十分重大的性别差异，也不是指朗佩特所论及的"物种遗传的基本底稿"（Lampert 2001：233）。毋宁说，尼采从追求真理的意志的角度发话，这种追求真理的意志已经摆脱了道德和理性的枷锁："例如，关于男性和女性，一个思想者不能重新学习，而只能完成学业——关于这些只能最后揭示出在他这里'笃定'的东西"（BGE 231）。尼采承认他自己的愚钝，在这一点上，他只能学徒期满，这不仅作为理性和道德的某种限制，也是作为通向自然想象的一片空地，它允许个体不断地想象和重新想象，创造和再现自己的个体的本性，包括个体的性征。

133

"自在的女性"、正直和启蒙运动的批判

　　如果说自然人的发现标志着哲学追求绝对真理的终结，那么，正如卡尔·洛维特所指出的，这一发现也形成了一个新的开端，即作为正直的真理的出场。有论者解读《善恶的彼岸》时将尼采对正直的思考与他的性征概念分开（van Tongeren 2014），亦有论者将尼采对"自在的女性"以及"'男性和女性'的基本问题"的思考解读为正直的一种例证（Clarke 1998；Acampora and Ansell-Pearson 2011）。与此不同，我认为，作为正直的真理的出场是通过对人类作为一种具有性征的存在的肯定而来的。这在两种不同的意义上是正确的：从福柯的角度来看，"追求真理的意志"的历史已经被标记出来，它源于自我反省和忏悔的教牧实践。福柯已经在《性史》中阐明了这一点。但是这些教牧实践基于这样一种信念，即人类与动物和植物的本质是完全分离的，也基于将性征作为精神的某种支配关系的客体的一种相关联的构建，一种对驱动力的规训和生命政治约束。对于尼采来说，作为正直的真理试图破坏这个基督教的起源。正直的筹划要求对性征及其在人类本性构成中的作用采取完全不同的方法。换句话说，性征是尼采理解正直的关键。

　　"基本底稿自然人"的发现并没有导致尼采假定某种人类学来阐发一系列关于人类本性的普遍理论主张，也没有导致尼采对人类的类生命进行某种科学式重构或生物学改造。同理，他对性征的思

考是由如下发现决定的："例如，关于男性和女性，一个思想者不能重新学习，而只能完成学业——关于这些只能最后揭示出在他这里'笃定'的东西"（BGE 231）。依照尼采之见，从这个性别差异（指具有讽刺意味的"自在的女性"一词）问题域中产生的"真理"，不是抽象的或匿名的真理，而是反映了每个个体的思想，这就是尼采说"我的真理"的原因（BGE 231）。

根据德里达的说法，尼采论及"我的真理"表明：

> 它们不是真理，因为它们是多种多样的、色彩斑斓的、自相矛盾的。因此，真理本身不止一个，而且，即使是为了我之缘故，因为我之缘故，真理也是复数的。……因此，就其本身而言，女性或男性存在着性别差异绝不是真理……（Derrida 1998：64）

但是，是什么导致了这样一个事实：没有以单数形式存在着的绝对的、普遍的真理，而总是只有存在于复数形式中的个体化的真理（"我的"真理）？[19]德里达对此给出了解释：

> 尼采对性别差异的所有分析……都有一个可以被称为审判或所有权的载体（挪用、征用、持有、占有性持有、礼物和交换、驾驭、奴役，等等）……似乎，根据一条已经正式确定的规则，女性在给予、屈从中，在献出自己中，成了"自在的女性"。而男性则是持有、获取、夺取，但恰恰相反，在献出自己时，女性给了自己掩饰的机会，并确保自己拥有支配权……男性和女性交换位置，互换面具，直到永远。（Derrida 1998：65）[20]

换句话说，德里达在尼采关于"自在的女性"和性别差异的讨论中发现了"占有"的"性行动"，将任何东西都变成了"自身"，也就是他后来所说的"自体性"（ipseity），以及任何这种自体性被其本质的延异性或不可占用的他异性毁灭。但是，一旦如此解读，"我的真理"就不可能像他们所说的那样是"我的真理"，只适用于我而与其他人相左。由此，尼采关于"自在的女性"的"我的真理"就违背了一种联系，与所有人类共有的不得体的"本性"的联系。

136

　　因为研究尼采的学者们对这些段落的解释，在很大程度上，没有注意到德里达的建议，所以他们对女性话题进行了主观化的处理。故而，索默认为，尼采的"主观性的开场白"——他在第231节的开头宣布的自己对真理的个人化看法（BGE 231），反映了尼采自己对女性话题的看法。索默指出，尼采对女性的观点与他的"自我表达"（Selbstdarstellung）密不可分，它带着某种诗意（Sommer 2016：653）。我想补充的是，在尼采关于女性的"真理"中还有一个行动的维度，那是政治性的维度，在面具、不同角色和性别角色所发挥的作用中体现出对权力关系的敏锐[21]。尼采论及"自在的女性"需要被解读为对伊曼努尔·康德的自在之物（Ding an sich）的论战性引用（Sommer 2016：652）。与康德的批判哲学相反，尼采的批判性尝试引用如下：它们绝对是自觉的、透视的，反映了尼采在《人性的，太人性的》中关于女性的真理。保罗·范·汤格伦补充说，这种反对康德的论战也延伸到尼采的美德观之中。尼采的美德总是个体的美德，而不是像康德所论述的某种可普遍化的义务。

虽然我同意索默和范·汤格伦关于尼采与康德之间分歧的论述，但尼采在与女性相关的问题上带有讽刺意味地使用"自在的"（an sich），也可能直接反对康德在他的《实用人类学》中对性征的思考。在这里，康德把"这种性别的特征"包括在"确立女性时自然的目的"之内（Kant 2006：207），这是一个双重的目的。第一，通过性别差异进行性别划分，这样一来，女性天生较弱，以便"这种性别正当地要求男性保护自己"，借此，大自然追求着保护物种的终极目标。第二，大自然的目的也是"让女性对社会进行陶冶和美化"。为了达到这一目的，大自然"通过她在言谈与表达上的谦逊和雄辩使这种性别成为男性的统治者"，由此，她要求男性温柔有礼相待，这就把他引向了"如果不是道德本身，也会是道德的外衣、道德的尊严"（Kant 2006：207）。尼采将某种反道德的正直与道德价值的真正目的结合在一起，再加上尼采通过"自在的女性"问题启动的"激励性运作"（Derrida 1979）的讨论，撕开了道德尊严这层"外衣"。康德将性别差异自然化是为了实用主义的人性教育，与此不同，尼采将人类本性自然化是为了激励它超越自身。康德对人类性征的论述是被镶嵌在他的人类学这一更广泛的筹划之中的，而在尼采看来，性征是人类本性的人类学建构的离心力。在我看来，这就是尼采的论述中单数真理的多元化与哲学的再自然化密不可分的原因，因为哲学的再自然化被视为正直的生成。自然人的发现和对人作为一种具有性征的存在的肯定，对我们理解哲学和追求真理的意志有着重要的影响。

在我看来，德里达的解读所主题化的单数真理的多元化是尼采哲学再自然化和他对性征的肯定的直接结果。这或许解释了为什么在《善恶的彼岸》第 231 节，尼采将个体的独一无二或精神的天命定位于身体而不是大脑。更确切地说，"精神的天命的花岗岩"位于植物生命的"深层"，也就是说，生命的那个层面，如第三章所讨论的，以其形变、繁殖和生长的能力而闻名。致力于正直研究的思想家承认，形变和未来的一代取决于找到健康的滋养品与知识的适切类型，以及选择适宜的生长土壤与气候（BGE 231, SE 1, EH）。 *138*

根据洛维特的说法，对作为正直的真理的追求被反映在哲学家参与生活和思考的方式上。通过在他们的生活中不断地体验和试验，哲学家追求更多的（自我）认识和自我转变。就其本身而论，作为正直的真理是被历史地定位的，并且必然导致哲学家与他们的时代的某种不可避免的对抗。尼采在《善恶的彼岸》第 231—239 节对启蒙运动和他所处时代的性别政治的批判，需要被置于他与基督教世界观及其秉持的人类本性概念的更广泛的分歧中进行把握。

第 231—239 节反映了尼采看待性征和性别的立场，它反对基督教道德及其对性征的否认。从尼采批判的角度来看，启蒙运动的原则是道德高于追求真理的意志，随之而来的是对生命和性征的否定——尤其是对女性之性征的否定。尼采在解放女性的启蒙理想之中，在"女性在科学上自我暴露（weibliche Wissenschaftlichkeit）的尝试"之中，在"女性自负"之中（BGE 233），发现了"本能堕落"的症状（BGE 232）。

尼采用"生物学的隐喻——生命的子宫，永远怀孕的母亲，有 *139* 生殖力的生命"来描述这个有争议的本能（Oliver 1998：76）。这些隐喻甚于尼采提出的症候观点，这些症候观点认为"女人永远是被性驱动的，但总是以怀孕为目的"（Diethe 1996：60）。更确切地说，这些隐喻指出，尼采对沿着平等权利路线的妇女解放的批判的利害关系在于，他反对启蒙运动通过自然的性征化将性别差异自然化。基于德里达对被阉割的女性、阉割中的女性和坚定的女性的区分，凯利·奥利弗（Kelly Oliver）通过他关于本能堕落（用她的语言是"阉割"）的论述为我们提供了一种对尼采意图的解释。在她的解读中，

> 被阉割的女性是女性主义者，她们用追求真理的意志来改善生存或者主宰生命。阉割中的女性是用意志来幻想的艺术家，或者戏谑地肯定生活的多样性，或者狡猾地欺骗我们以获得好处。坚定的女性是创造或毁灭生命的权力意志。（Oliver 1998：68）

奥利弗认为被阉割的女性是最残暴的，因为她否定女性，肯定自己是男性。阉割中的女性是一个演员，她冒着相信自己幻想的风险。相比之下，坚定的女性不需要真理：她肯定自己而不需要男性和逻各斯中心主义（Oliver 1998：76）。"酒神式女性在真理形而上学之外肯定自己。她是权力意志、独创性的母亲、永恒的孕育"（Oliver 1998：78）。

稍后，我会回到酒神式母亲的形象上来。就这一刻而言，我担心的是尼采在肯定女性的创造性和生殖性本能与解放了的女性之间所面临的对立。一方面，女性被视为一种变革和未来世代的文化力量；另一方面，解放了的女性妥协了自己的主张，发展出一种独特的天

性，转而接受启蒙运动的价值观。尼采观察到"女性想要自立（selbstständig），为此女性开始向男性阐明何谓'自在的女性'"。尼采认为，这属于"欧洲普遍的丑陋化（uglification）进程中最恶劣的步骤（schlimmsten Fortschritten）"（BGE 232）。启蒙运动导致了"反常的症状（merkwürdigen Symptom），即最女性化（allerweiblichsten）的本能的日益弱化和钝化（Abstumpfung）"（BGE 239）。

尼采运用了"愚钝"这个词的多重含义来说明伪造的启蒙解放思想的缺陷。与之对照，在第 231 节，尼采肯定他自己的愚钝是真理与文化生产力的来源，我补充说，这种愚钝也可以是与动物和女性相称的。动物和女性的愚钝也是真理与文化生产力的来源。相比之下，第 239 节的愚钝具有相反的含义，也就是说，愚钝指的是与人类本性相关的创造力的缺失，而这里的人类本性明显是阳刚的，是启蒙运动所固有的："一个长得很好的女性（wohlgerathenes Weib）——也总是一个聪明的（kluges）女性——将从心底里（von Grund aus）为之感到羞耻的，正是这种运动中的愚钝，一种近乎雄性的愚钝"（BGE 239）。尼采呼吁女性不要模仿那些坚持启蒙理想的男性的愚钝，遵照启蒙的理想，更多的知识也意味着更大的自由："去模仿那种欧洲的'男性'的、那种欧洲式'男子汉'所患的所有愚钝病是病态的"（BGE 239）。

当尼采声称女性应该为模仿男性的愚钝而感到羞耻时，他并没有采用一种基督教的羞耻概念。后者是那些让女性得病的话语的一部分："人们几乎到处在用一切音乐中最病态和最危险的种类（我　*141*

们的德意志新音乐）来腐蚀她的神经……使她成天歇斯底里，而不能胜任她最初的和最后的天职——生育强有力的孩子"（BGE 239）[22]。尼采非常清楚，灌输羞耻是统治的手段。相比之下，尼采将希腊的羞耻感作为对抗求知的驱动力的解药。希腊人知道如何不予理会，如何故作糊涂，如何停留在表层，欣赏自然之美而不是刺透和破坏它："人们应该更加尊重（in Ehren halten）大自然隐藏在谜和色彩斑斓（bunte）的不确定性背后的羞耻感（Scham）"（GS "前言" 4）。

尼采论点的这一环节，如此依赖于希腊对羞耻感的看法，即羞耻感是 "生命孕育的原始力量" 的面纱（Oliver 1998：79），已经被女性主义者用来与神话中的鲍博（Baubô）① 形象联系起来。莎拉·考夫曼认为，尼采试图重新引入古希腊的女性观念，以得墨忒耳神话中的鲍博形象为例，得墨忒耳在失去女儿普西芬尼后，让生育女神再次大笑，并再次为她的女性气质而欣喜（Kofman 1998）。尼采复兴了一种与大地母亲和创造过程中所涉及的痛苦与牺牲有关的古老的自然观念。希格杜尔·索格尔斯多蒂尔（Sigridur Thorgeirsdottir）在评论鲍博故事的一个版本时指出，当鲍博 "掀起她的裙子，和把手放在她胸脯下笑着的婴儿拉科斯（酒神狄俄尼索斯的另一个名字）一起露出她的生殖器时"，得墨忒耳才大笑了起来，

> 关于鲍博有可能存在着一些跨性别的东西……她可能显示了不属于女性的身体部位，比如男性化的生殖器。因此，根

---

① 埃及托勒密王朝的女神。——译者注

据所有这些线索，鲍博和狄俄尼索斯在作为给予与获取、出生 *142*
与死亡的大地和生命之神的意义上，都是酒神。然而，他们也
代表了一种性别差异的形式，尽管他们具有跨性别的特征，但
鲍博是女性，而狄俄尼索斯是男性。从这个意义上说，性别差
异并不是静态的，不是赋予两性先天差异的东西，而宁可说是
正在生成和变化的东西。（Thorgeirsdottir 2012：70）[23]

尼采邀请女性庆祝她们的性征——尤其是她们确保子孙后代的能
力，而不是模仿男性的愚钝。在这种观点中，女性既是某种启蒙辩
证法的主体，也是其客体。在这种启蒙辩证法中，对更多自由和独
立的渴望最终产生了更大类别的控制。尼采对现代性的批判和对文
化更新的渴望试图逆转这些现代走势。尼采可能是"女性名副其实
的朋友"（rechter Weiberfreund），他劝告她们不要在启蒙运动中损
害自己（BGE 232）。这就是为什么皮珀将尼采关于女性的观点解
读为鼓励女性拥抱她们的性征，让她们能够秉持一种反抗男性统治
的立场，她认为尼采邀请每一个个体来下决定：

在这里，每个人都为自己画出了性和性别之间的界限，并
且思考有意义的方式来支持我们的自然倾向并改变社会对性征
的看法，而不是与我们如同花岗岩的第一本性进行徒劳无益的
斗争。（Pieper 2012：63）

皮珀的解读假设了一个立场，在这个立场上，对自然的酒神式性征
化使得它不仅可以改变性别，还可以改变性征和性别差异的重要性
原则。然而，这一观点仍然将性别差异视为"第一天性"的宿命，
可以由"第二天性"（即文化和社会）来给予补偿，但尚未被视为 *143*

所有文化和社会创造力的来源。

当尼采将性别差异置于知识之外时，这不是他所谓的关于性别差异的本质主义的一个方面。相反，它反映了他的信念，即非凡的本性超出了文明和教育的范围：

> 他们想要带坏女性，直到让女性陷入（herunterbringen）"普遍教化"中，……总之，人们还想进一步让她变得更有教养，并且如他们所说的，让这个"弱者性别"通过文化变得强健：仿佛历史不是已经尽可能急切地教导过，人类之"文化"和弱化，即意志力的弱化、碎裂和消损，总是交替迈进的，世界上最有权势和最有影响力的女士们（最后一位是拿破仑的母亲）对男性们的权力和优势（Übergewicht）正是归功于她们的意志力——而不是归功于那些教书先生！（BGE 239）

关于非凡的本性超出了文明和教育的范围的思想，在《作为教育家的叔本华》中已初见端倪，在那里，尼采把个体说成独一无二的、无与伦比的（SE 1）。在这部早期作品中，尼采认为，和爱默生的观点非常一致，如果我们想成为我们自己，我们就需要提醒自己，我们不可简化的独特性或更高的天性，它作为一种力量，允许我们抵抗我们所处时代的因循守旧。然而，每个个体不可化约的独特性，并不是关于人类本性的某种本质主义的标志。更确切地说，我们独特非凡的天性反映了一种文化力量（这里指年轻一代），它允许我们克服文明的错误，重新构想一种"更自然的"文化（SE 1）。

144 尼采将教育视为一种解放和真正变革的体验来倡导，在这样的教育中，个体将独特性欣然接受为一种天命，这种天命迫使个人对

他们究竟会生成为哪一类型的人采取立场和担当责任（SE 1）。因此，尼采将独特性视为天命的构想不是本体论的或生物学的，而是与文化和政治相关的。在哲学家像尼采设想的那样忠于正直的情况下，她独特的本性和天命迫使她在人类本性问题上公开表态。毕竟，这就是正直所暗示的：在公众和其他人面前说出真相的勇气。在这方面，正直是一种尼采将其定位为"超越善恶"并且超越他那个时代的政治意识形态的哲学政治美德。

启蒙运动为女性带来了虚假的解放；它滥用了尊重女性的观念："这种尊重立即被滥用"（BGE 239）[24]。结果是，"女性在退化"（das Weib geht zurück）（BGE 239）。相比之下，激发女性的尊重的，甚至经常足以激发女性的恐惧的，是她的本性，这一本性是更"自然的"（natürlicher）：

> 那当真是食肉动物的狡狯的柔软（echte, raubthierhafte listige Geschmeidigkeit），她手套下的虎爪，她在利己主义方面的天真，她的不可教育性（Unerziehbarkeit）和内在野性，她在欲望（Begierden）和美德方面那不可捕捉、遥远超忽之处……（BGE 239）

启蒙运动的解放理想认为人类是比自然更独特和"更高"的东西，相比之下，尼采试图重建自然的他者性，在这里，女性"更'自然的'"自然性被认为是值得尊重的，是文化复兴的源泉。

在这一点上，尼采对自然的性征化回溯到将女性视为自然的讨论，这是基于女性和动物之间的类比。有趣的是，这种类比得到了反义词奇怪的巧合的支持：野性与驯服、自由与约束。因此，女性被理解为比男性"更精致、更容易受伤、更有野性、更奇异、更甜蜜、灵魂更饱满"的动物，因此被理解为"某种必须关起来的东西，这样它就飞不走了"（BGE 237）。女性被描绘成担惊受怕的动物，被困在以男性为中心的、父权形式的文明社会的桎梏中，这一形象引起了尼采的同情：

> 而不管她有多么恐惧，这只危险而美丽的猫"女性"[25]惹人怜悯之处在于，比起任何一种动物，她显然要遭受更多苦难、更容易受到伤害、更需要爱和更加注定了要失望。恐惧和怜悯：迄今为止，男性是带着这两种感觉面对女性的，一脚已经踏入了悲剧，那由迷狂而撕裂的悲剧。怎么？事情就应该这样结束吗？对女性的祛魅正在进行吗（Entzauberung des Weibes ist im Werke）？女性的无聊化就是这样来到的吗？（BGE 239）

值得注意的是，女性作为自然方式或自然状态受到男性文明和父权社会的威胁的观念在席勒（Schiller）与他感性的自然观念中已经可以窥豹一斑。然而，在席勒看来，自然是合乎伦理的，它使我们更加合乎伦理（Riedel 1996：180－181），而在尼采看来，自然明显是反道德的。因此，当尼采提到歌德的"永恒的女性"时（BGE 237）[26]，评论家们指出，他肯定知道这是一种神秘化（van Tongeren 2014）。范·汤格伦认为，尼采关于女性的思考是超道德的。因此，既不无聊，恰如不是教化，也无须去神秘化，亦即无须理性化。依照范·汤格伦的见解，尼采试图将无聊作为道德哲学的一个整体特征来抵制："请原谅我发现到目前为止所有的道德哲学都很无聊"（BGE 227）。同样，欧洲的文化复兴是为了抵制启蒙运动和女性屈从于教化和祛魅的危险（BGE 239）。对于范·汤格伦来说，尼采在第 236 节和"女性箴言七则"（BGE 237）中对嘲讽与拙劣模仿的运用，都是反对女性的祛魅和无聊化的策略，也反对试图把道德美德凌驾于她们的自然状态之上。问题是，尼采的风格，关于人类的性征，他的嘲讽与拙劣模仿，可能不符合地道的犬儒主义者的风格。

性征、生命政治和社会转变

《善恶的彼岸》第 238 节阐明尼采攻击现代启蒙运动中支持平等的假设，包括男女平等（Acampora and Ansell-Pearson 2011：165），是因为他相信追求平等的驱动力通过否认两性之间"最为深不见底的对抗"和"一种永恒敌对的紧张的必然性"，从根基处破坏了"'男性和女性'的基本问题"（BGE 238）：

> ……梦想在这里也许有相同的权利、相同的教育、相同的权利主张和义务，这是头脑浅薄的典型标志，而一位在这个危险立场上证明自己浅薄的思想者——本能方面的浅薄！……有可能，对于所有跟生命（包括未来的生命）相关的基本疑问，都"目光太短浅"了，不能触及任何深处。（BGE 238）

"'男性和女性'的基本问题"是尼采在《善恶的彼岸》第七章"我们的美德"中讨论的一系列基本问题中的最后一个。它通过在人类与自然的关系中引入第三方因素，亦即明确的政治因素，来总结尼采对人类本性的讨论。它提出了以下问题："'男性和女性'的基本问题"对于每个个体来说究竟意味着什么？对我们文化的自我理解，以及我们与他人交往的方式和政治组织的方式究竟意味着什么？

如果研究性别差异的社会组织的"浅显"方法以两性平等的思想为基本原则，那么尼采则要宣称：

> 一位在精神方面有深度的男性，一如在其欲望中……对于女性必须能够总是仅以东方方式（Orientals）思考：他必然把女性当作占有物、可以锁上的财产，当作某种预定要去服侍并且在服侍中完善自身的东西来把握。他在此必定是站在阴森巨测的亚洲理性上，站到亚洲的本能优势一边：从前希腊人已经这样做过了，这些亚洲最好的后裔和学生，众所周知，从荷马时代直到伯里克利时代，他们的文化和力量范围越增长，对女性也一步步地越来越严格，简言之，变得越来越东方。这些曾是那样必然，那样合乎逻辑，甚至在人性上是那样可愿望：这一点在过去值得反复思索，现在也依然值得用心思索！（BGE 238）

狄特把这一最后的段落与尼采 1871 年的早期文章《希腊女性》（"The Greek Woman"）联系起来。在这篇文章中，尼采说："作为母亲的希腊女性必须默默无闻地生活，因为政治本能和它的最高目标要求这种默默无闻。她必须像植物一样在狭小的圈子里生长，作为伊壁鸠鲁式哲学智慧的某种象征"（转引自 Diethe 1996：41）。对于狄特而言，这意味着尼采主张"女性应该被藏在安全的地方"，

148

并被委派一种"家庭的角色"（Diethe 1996：42 – 43）。

由此而论，将这些段落与鲁宾关于"'性'的政治经济学"的文本（Rubin 1975）进行对话似乎很重要，将它们与汉娜·阿伦特的思考进行对话也同样很重要。阿伦特对为何性和性征被禁锢在相对"幽暗"的家庭私人领域（oikos）进行了反思（Arendt 1958）。尼采的这个段落论及女性被当作占有物，"被锁"在家里而且"注定要去服侍"，似乎不仅指的是希腊的情况，当时父权制对权力的控制是最强的，也与公共领域的投票和家庭的私人领域最为彻底的分离相吻合，但也与他自己社会的主要社会转变相矛盾，即大量的妇女离开家庭加入劳动力大军。然而，确切地说，对亚洲的论述，以及对希腊作为"亚洲最好的后裔和学生"的论述，让我们有可能对这篇文章进行某种更为复杂的解读。原因是，对酒神狄俄尼索斯的崇拜是希腊人从东方引进的——狄俄尼索斯是一位与妇女和仆人/奴隶有关的神，即家庭成员的神，然而他却在家庭的私人领域之外，即在森林中，与野生动物一起受到崇拜。鉴于尼采后来对狄俄尼索斯和阿里阿德涅（Ariadne）的阐述象征着他对"'男性和女性'的基本问题"的理解，在这篇文章中，尼采可能是用阿波罗的工具向着阿波罗的方向拉弓，不料竟让他的箭朝相反的方向飞。

索默认为，在这篇文章中，尼采反思了过去男性是如何对待女性的，并提出了未来男性将如何对待女性的问题（Sommer 2016：666）。男性会继续压迫女性吗？就像尼采描述的那样，过去把女性当作被关在笼子里的鸟一样对待？还是男性会以平等的眼光对待女性，就像尼采对欧洲文化民主化的描述所暗示的那样？鉴于索默提出

149

了尼采如何从男性的角度设想欧洲文化和社会的未来复兴的问题——比如从某位名叫安德罗斯（Andros）的男性的角度，换言之，"男性将如何处置……"，好像女性是男性可以随心所欲对待的物体，我建议从一种新发现的自然性的角度来提出这个问题。从这个角度来看，问题在于，社会性的生命能否再次成为自然性的生命之创造力的一种表达，或者相反地，社会性的生命是否会继续在人与自然之间设立障碍。因此，我建议从生命政治的角度来看待这一段落，故而问题是：社会是否自然的生命（natural life）的障碍，或者它是否成为自然之文化生产力的促进者？

正如埃斯波西托最近所指出的，遵循福柯对生命权力的分析，尼采对启蒙运动的批判表明，现代社会通过保护和人类的免疫来对抗自然，在人与自然之间树立了一道屏障（Esposito 2011）。尼采关于平等权利的讨论表明，在他看来，人类（女性）与自然的分离，将女性带出家庭，进入公共领域，可能会恶化女性在社会中的处境："自法国革命以来，女性的影响变得越来越弱，与她的权利和权利主张的增加正成反比"（BGE 239）。自由主义的平等权利不但没有提高妇女在社会中的地位，反而削弱了妇女的影响力。现代所谓的"进步"（Fortschritt）对女性产生了相反的影响。这里的逻辑与亚历克斯·德·托克维尔和瑟隆·克尔恺郭尔的逻辑相似。托克维尔认为，正是通过退出民主政治进程，宗教才保留了其最大的权威和权力，而宗教一旦直接介入公共领域，就会失去这种权力（Tocqueville 2003）。同理，克尔恺郭尔认为，现代的、民主的势力范围必然会夷平任何崇高或伟大的事物，或使人们盛产对任何崇高或伟大的事物的怨恨（Kierkegaard 1962）。因此，任何想要追求高品质事物的人都必须秘密地或隐名埋姓地进行，而且无论如何都要远离公众的关注。尼采的女性"应待在家里"的明显"保守的"建议可能是保护她们不受这种夷平效应的影响，这种效应会剥夺她们对必要的文化转型产生的影响力。这种文化转型旨在消除社会与自然之间的障碍，而不是消除私人领域与公共领域之间的障碍。

对于尼采而言，尽管索默有那样的建议，但问题并不是在两种统治形式之中选择一种——女性被视为男性的占有物（古代）抑或是女性被视为男性的相等物（现代）[27]。更确切地说，尼采构想了社会关系，特别是社会再生产领域的男女关系，作为人类创造力的真正所在。也就是说，尼采呼吁将创造力应用于再造性征化和性别化的社会角色，这将发生在性和情感关系的个人政治层面，作为从内部引爆规范性异性恋的主要方式。在酒神狄俄尼索斯的名义下，尼采提出了一种自由的和创造性的社会关系的观点，这种观点基于对性征作为一种变革和未来世代的文化力量的某种肯定。在我看来，自然人的发现引导尼采将社会关系假定为内在地是创造性和变革性的。

因此，根据尼采对性征的看法，可以区分一种支配性生命政治学和一种肯定性生命政治学。在支配性生命政治学那里，性征是支配的一个决定因素，即性函数的决定性的统治；而在肯定性生命政治学这里，性征不再与先入为主的性别观念和性观念联系在一起，而是打开了解放和创造性转变的社会想象的视野。抓住尼采肯定性生命政治学的要素，以及为什么他将妇女安置在家庭中，远没有使

151

妇女的角色非政治化，相反，将她们置于现代生物权力的核心，回顾 19 世纪关于自然的性征化和性征的社会化的论述的背景是十分有益的。尼采对"'男性和女性'的基本问题"的讨论最好地说明了 19 世纪文学和哲学人类学的这一新进展：自 1900 年以来，文学人类学通过对动物性、驱动力和激情的新论述来构思人类本性。这种对人类本性的新理解的核心是人类的身体和性征："文学现代主义通过身体探讨人类本性"（Riedel 1996：154）[28]。在对人类本性的理解中，转向身体及其性征的范式反映了生物科学作为 19 世纪的新知识的出场："为了更好地理解生命是什么，新的生物科学越来越多地把他们的人类学集中在对身体和性征的考察上"（Riedel 1996：165）。标志着生物学范式转变的是生殖和性征的发现——特别是在植物的形变过程中，这导致了对自然作为生生不息的自然，进而对人类作为一种有机体，生殖是生命的主要特征的新理解（Riedel 1996：159 - 160）。自然是生生不息的自然，在这个意义上，它从自身中生长和再现它自身："一旦新的生命科学将生命现象作为自我生产的系统，它们的中心焦点就会落在两性生殖和性征之上"（Riedel 1996：160）。在这个范例中，植物、动物和人类共享相同的生殖（性征）机制，这可以一直追溯到单个细胞的生命。对于里德尔来说，尼采时代的生命科学证实了自然处在生成中，即处于细胞的持续流动和交换中，并且自我生产不过是持续的死亡，死亡成为生命的一个实例，反之亦然。生命既是创造又是毁灭，既是感官享受又是残忍，既是爱神（Eros）又是死神（Thanatos）（Riedel 1996：206）。站在最显著位置的不再仅仅是个体的生命及

152

其自我保护的努力。更确切地说，后者需要被理解为人类的类生命及其保护性驱动力的一个实例。

根据里德尔的说法，这种新的人类学在叔本华的意志哲学及其观点中找到了它的第一个迭代："人类（如同每一种植物和每一种动物）具体来说就是性冲动（Geschlechtstrieb）。……性冲动是对生命意志最充分的表达"（转引自 Riedel 1996：172）。在叔本华看来，生长、繁殖和变形是植物、动物与人类生命中至关重要的营养过程，而且这与"知识"完全毫不相干。这个想法与尼采关于"精神的天命的花岗岩"的论述以及自然是不可接近和不可知的思想产生了共鸣，这在之前已经介绍过。生命的营养过程例证了自然是不借助意识的目的论，例证了自然是不借助知识的规律性（Zweckmäßigkeit），例证了自然是"不借助精神的秩序（'完整性'）"——在叔本华看来，这里蕴藏着"自然即生命"的巨大奥秘（mysterium tremendum），他试图通过"世界即意志"（Welt als Wille）（sive sexus）的概念来捕捉这一巨大的奥秘（Riedel 1996：176）。在意志的观念中，叔本华试图抓住人类智慧中自然的奇异性和差异性，并将其视为在一切有机过程中具有活跃性和创造性的东西。再一次，这个想法也反映在哲学的自然化中，同理，也反映在尼采从自然的他者性角度来理解人类本性的尝试中。

叔本华的意志哲学与尼采的生命哲学之间的密切关系一直是许多讨论的主题：两者都提供了我所说的"19世纪自然的性征化"的例子[29]。然而，尼采的新颖之处以及区别于叔本华的对性征的处理在于，他在思考"'男性和女性'的基本问题"时，谈到了他在

153

提及 19 世纪性征的社会化时所采取的方式。索默注意到，尼采关于女性在社会中的角色的思考可能已经受到奥古斯特·贝贝尔（August Bebel）的《过去、现在和未来的女性》（*Die Frau in der Vergangenheit，Gegenwart und Zukunft*，1883）的影响。贝贝尔认为，女性在社会中所扮演的角色的要害体现在她们的经济依赖性和对男性的唯命是从之上。索默声称，经济依赖的观念在尼采的女性概念中是清晰可见的，女性被人们视为一种可以使用和随后交易的财产，最典型的例子就是古代女性的地位（Sommer 2016：667）。

154 与尼采相反，贝贝尔主张通过经济独立和受教育的途径解放妇女（Sommer 2016：670）。相反，尼采诉诸"恐惧和怜悯"，将其作为将男性和女性联系在一起的关键力量。像范·汤格伦一样，索默也注意到，根据亚里士多德的理论，这些是悲剧在旁观者中引发的情感。他总结道，尼采认为男性和女性之间的关系是悲剧性的，这一观点可以在尼采后来的一些文本中找到，在乔治·比才（Georges Bizet）的《卡门》（*Carmen*）中，他把两性关系和爱的呈现作为悲剧性的典范（Sommer 2016：671）。

　　索默的解释似乎混淆了古代和现代的占有概念以及与之相关的男女关系概念。在我看来，尼采对现代婚姻观念的批判与卡尔·马克思的批判并无不同：两人都怀疑，在婚姻契约之下，有一种支配形式赋予了男性对女性的权力，也就是说，让女性成为他们的财产[30]。婚姻契约理应确立男女平等，并因此削弱了两性之间"最为深不见底的对抗"和"一种永恒敌对的紧张的必然性"（BGE 238）。恰恰是这种男女之间的敌意，而不是别的，实际上就是尼采所指的"'男性和女性'的基本问题"的"悲剧性"形式的原始文本（Ur-text），任何对希腊悲剧的细读都证实了这一点。

尼采认可男性和女性之间的对立与紧张，但这并不意味着他是性二元论的倡导者。相反，尼采的两性之间战争的概念需要在年代久远的、古老的自然概念的背景下解读。皮珀令人信服地认为，尼采的自然与赫拉克利特对自然的理解有很强的亲缘关系，因为自然在成长、自我完成和衰变而并不借助于人类的任何馈赠。自然一直 *155* 在持续不断地生成，生成意味着不断地让自身超出自身。自然界生命永恒循环的潜在力量是对立事物之间的竞争或战争，如两性之间的战争。然而，这些对立面并不是绝对的，而是不断变化的和开放的。它是一种变革性的关系，而不是对立两极之间固定的二元论。因此，对立从来都不是严格的或绝对的，而是暂时的，而且它们本身是运动的。在赫拉克利特自然概念的背景下，皮珀认为，"'男性和女性'的基本问题"不是指性别之间的绝对差异，而是指角度的差异（Pieper 2012：61）。对于我来说，关键是性别差异产生于一种关系，一种"男性和女性"之间富有成效的紧张关系或竞博关系，并因此破坏了任何将他们的关系视为对立两极的企图。尼采因此关注差异的多元性，而不是男性和女性之间单一的"这个"差异。

里德尔也发现了古代自然观念对尼采论及性征问题的影响。乍一看，这似乎是违反直觉的，因为假定事实是现代的生命科学影响了他对人类本性的思考。然而，作为他对19世纪文学和哲学人类学更广泛的分析的一部分，里德尔认为，关于人类本性的新话语并没有反映文学和科学之间的一种新联盟；相反，在文学和哲学中接受的生命科学导致了它们之间的一种新联盟，由此在现代性中保留了一种非科学主义的自然概念（Riedel 1996：xiv）。里德尔发现后者在尼采和巴霍芬的性征的社会化理论中都有例证。里德尔将尼采对男女关系的理解与巴霍芬的母系社会概念进行了比较：

> 尼采对"陶醉"（Rausch）和"春天"的热情描绘，换句话说，对早期希腊人的生育和植物崇拜的热情描绘，可能与巴霍芬的古代形象有着比想象中更强烈的亲缘关系。在这里早期希腊人代表着在酒神世界观中的"古老的人类和公民"［因此也被描述为"自然的人类"（Naturmenschen）］。在尼采一生出版的作品中，系统地模糊了轨迹，否认了来源，这是意料之中的事。（Riedel 1996：186）[31]

里德尔认为，在巴霍芬的作品中，席勒感性和道德上的描写变得更具有性的意味。席勒将女性描写为是"更自然的"，这种更具有性的意味的描写体现在他将母系社会组织重现为人类的黄金时代："土星世界的天堂般的和平源于母性，相比之下，混沌是女性性欲和不受约束的性行为的结果"（Riedel 1996：183）。随着尼采对巴霍芬思想的采用和改写，特别是将萨梯（Satyr）① 的形象作为人类-动物-性本性的反映，自然肯定会从它与人类和道德的联系中挣脱出来，如同席勒的感性和天真的神秘化（Verklärung），把女性视为自然

---

① 希腊神话中的森林之神。——译者注

(Riedel 1996：191)。

尼采论述的自然的性征化在作为永恒生命之象征的酒神中得到了反映：

> 这就是为什么对于希腊人来说，性的象征被认为是最尊贵的象征，在那里，古老的虔诚找到了它最深的含义。生育、妊娠和分娩的所有细节，都激起了希腊人最庄严的感情。……这一切都反映在酒神狄俄尼索斯这个词上：我知道希腊没有比这更高的象征性符号……最深的生命本能、为了未来的生命、永恒的生命被反映在这个象征之中，并且被虔诚地体验为通往生命、繁衍的通路，被视为神圣的通路…… (KSA 13：14〔89〕．266)

157

酒神狄俄尼索斯是尼采对基督教世界观中对性征的否认的回答，根据尼采的观点，基督教世界观摧毁了这种对自然和性的十分虔诚的感受，并且破坏了这种作为通往人类后代的"神圣途径"的自然和性的领会，因而犯下了反人类的罪行。

尼采关于性征和性别的思考的生命政治维度需要将 19 世纪人类学话语中的自然的性征化和自然的社会化结合起来。首先，对于尼采来说，"'男性和女性'的基本问题"显然是一个政治问题，一个生死冲突的问题，但可以说，这是一个"在家里"进行爆破的故事，因此"老"妇人对查拉图斯特拉的建议具有讽刺意味，也很恰当：探访女人时，不要忘了"鞭子"。尼采的观点，与朗佩特的观点相反，男性与女性之间的关系不能再仅仅被看作家庭关系了：它既是经济上的（属于家庭的）私人领域，也是政治上的。依照朗佩特和博伊勒的观点，尼采对希腊英雄主义的赞美始于

"在家"：

> 尼采认为，希腊男性的竞争，开始于最为私人的家庭，开
> 始于男性对女性和女子气质的评价，因为它们代表了精神的基
> 本意志。对于一个受到环境约束的男性来说，女性是一种消
> 遣、一种玩耍的机会，但同时也是一种更精致、更狂野的东
> 西，一种从某个高度迷失的东西，必须被锁起来以免丢失的东
> 西。（Lampert 2001：238）

158

在朗佩特那里，这种家庭内的竞博在两性之间的和谐中达到顶峰，
"在查拉图斯特拉与生命、狄俄尼索斯与阿里阿德涅的生产性联盟
中，就像在关于男性与女性的诗歌故事中所讲述的"（Lampert
2001：233），狄俄尼索斯与阿里阿德涅的婚姻"将性别差异谱成了
一种丰饶的和谐"（Lampert 2001：242）。朗佩特将酒神狄俄尼索
斯与阿里阿德涅的关系描述为理想的（资产阶级）婚姻的一个例
证，与此相反，我建议对巴霍芬进行更深入的研究，并将所有权
概念与他的母系社会概念联系起来。对于巴霍芬来说，前母系氏
族时期处于原始部落的统治下，在那里，妇女可以被任何人带
走，以至于达到不再是任何人的占有物的程度。这里还有一些有
益的回顾。对于德里达来说，"自在的女性"问题最终等同于
"占有"及其不可能的问题，也就是说，性别差异不可能让男性一
劳永逸地占有女性。对于巴霍芬来说，是母权制的政治和社会制
度结束了原始部落对女性的统治，通过引入婚姻作为一种安排，
女性成为家庭的财产，并对人类未来一代的生命负责（Bachofen
1861）。这种婚姻和占有的母系意义完全不同于鲁宾（Rubin，

1975）和舒拉米思·费尔史东（Shulamith Firestone）所讨论的父系意义上的"占有"（Firestone 2003）。在父系意义上的"占有"观念里女性变成了属于男性的物品，可以像礼物或商品一样在男性之间交换。母系意义上的占有观念的关键在于，它是女性权力和自由的一种表达。

159

　　有趣的是，凯尔·哈珀（Kyle Harpe）和奥兰多·帕特森（Orlando Patterson）的研究发现，希腊语中表示自由的单词eleuthera，其最古老的意思是"一个自由的女性"，也就是说，"一个在性别方面受人尊敬的女性"或者"一个声称拥有性别荣誉的女性"（Patterson 2017：283）。帕特森补充说，此外，它还可以表示"妻子"的意思。这些意思与巴霍芬所指的母权制一致，而不是与父权制一致。哈珀和帕特森提出的基本论点是，在古代，拥有社会认可和公共保护的性别荣誉是女性体验个人自由的重要部分（Patterson 2017：283）。帕特森回顾说：

> 公民维度的自由——希腊人将它构建成民主政体——潜伏在这个词最原始的含义中，"因为在古地中海再生产整个城邦的能力根植于作为一个自由女性的意义的核心"。（Patterson 2017：283；转引自 Harper 2017）

通过提醒现代女性注意酒神以及自然性、性征和政治权力之间的"亚洲"联系，尼采很可能试图让女性恢复记忆中在古代世界所拥有的权力和尊重。这种权力不仅与再生产相关，而且与对再生产的控制和作为母权制特征的政治权力的结合相关。

　　我总结了一些关于古代犬儒主义者的想法，并认为也许尼采

对未来哲学家致力于正直的设想，可以在古代犬儒主义者对性征
的肯定和对女性的尊重中找到其先驱。多亏了福柯，我们才能欣
赏到犬儒主义者的生活方式在政治和哲学上的重要性：他们是把
真理理解为活生生的和具体化的真理的先行者（Foucault 2011；
Goulet-Cazé 2014）。他们率先对将公共和私人、公民和奴隶、男
性和女性之间的划分作为统治与压迫自然的手段，作为保护人类
不受自然影响的屏障（包括人类自身的自然）提出质疑。为了推
翻这些屏障，犬儒主义者采取了一种复归于自然（某种自然的化
身）的方式，将自然视为一种创造性的、艺术性的力量。在我看
来，犬儒主义者努力追求一种共同体的理念，在那里，社会关
系，包括男性和女性之间的关系，被肯定并作为自然的人工制品
而存在（Lemm 2014a）。犬儒主义者是哲学史上的反派英雄。他
们庆祝自己的"下沉"，而且下沉到大地意涵某种"跃升"，跃升
到一种新的共同体的理念，其中，男女平等，共同分享一切，就
像克雷兹（Crates）和希巴契（Hipparchia）的婚姻一样。犬儒主
义者的爱是一种更高层次的爱。也许这是因为在犬儒主义者中，
自然和性征在未来社会中的角色被认定为创造性的、艺术性的，
作为女性化的和"永恒的女性化"（BGE 236）。在这种观点中，
艺术真正的社会功能不再被反映在英雄男性的生活中，而是被反
映在所有英雄主义的落幕中，与之对应的是将艺术视为社会的创
造物，创造物亦即女性：

> 因为无论是对我们的羞辱还是对我们的提升，我们首先都
> 必须清楚的是，艺术的全部喜剧当然不是为我们表演的，既不

是为了我们的陶冶，也不是为了我们的教育，正如我们远不是
那个艺术世界的真正创造者一样；然而，相反地，我们完全可
以假设，我们已经是艺术真正创造者的形象和艺术投射，我们
的最高尊严在于我们作为艺术作品的意义。(BT 5)

161

注释

[1]"女性没有本质可言，因为女性分成了各个不同的部分，而且各个不同的部分都疏离于她自身，女性自己和自身分化了。她潜入水中，在深渊中飘浮，没有尽头，没有根基，一切的本质、一切的身份、一切的行为规范都隐而不现了。在这里，哲学话语被蒙蔽了双眼，直线坠落，任由其毁灭。真理不适用于女性，但那是因为这个与真理深渊式的分离，这个非真理就是'真理'。这个真理的非真理就以女性命名"(Derrida 1998：53)。

[2]安妮玛丽·皮珀正确地指出，对于尼采来说，通过性器官，"人类是不可分解的，永恒地与有机世界相连"(Pieper 2012：61)。正如尼采所言："腹部(Unterleib)是人类不轻易将自己视为神的原因"(BGE 141)。

[3]巴特勒对鲁宾的"亲情革命"的批评基于这样一种主张，即鲁宾认为，在生理上的男性或女性转变为性别上的男性或女性之前，"每个孩子都包含了人类表达的所有的性可能性"(Butler 1999：94)。巴特勒运用福柯的教训指出，"在法律面前，关于性征的错误观念本身就是法律的产物"(Butler 1999：94)。

[4]卡罗尔·狄特为尼采的厌女症辩护，却又同意安妮玛丽·皮珀的观点，认为尼采作品中"提到的鞭子既可能是被探望的女性的，也可能是来探望的男性的。两者同样有道理。皮珀给出了更深层的含义，暗示女性可能是在扮演监督者的角色，以确保男性完成他的使命，努力成为超人。这样一来，鞭子就有可能被视为'自我战胜的象征'"(Diethe 1996：64；转引自 Pieper 1990：312)。

[5]"性冲动作为生命的基本条件和社会基础而存在。这是人类本性中最强烈的驱动力。哪怕人类本性的其他方面都不复存在了，这种驱动力也依然存在。未充分发育，不是思想的某种客体，但却是生命的中心之火，这种不可避免的驱动力是抵御各种破坏的自然保护"(Bebel 1883：38；转引自Sommer 2016：656)。

[6]有很好的理由假设尼采计划将《善恶的彼岸》第231—239节作为一个单独的章节。安德里亚斯·乌尔斯·索默在他对《善恶的彼岸》的详细评论中，确认了一封给卡尔·海蒙斯（Carl Heymons）的信和一份早期草稿表明尼采计划将第231—239节作为一个单独的章节，题为"自在的女性"（Das Weib an sich）（Sommer 2016：652）。

[7]关于尼采哲学中的科学自然主义问题，请参阅Leiter 2013、Emden 2014。至于指控尼采的厌女症或为他辩护的研究，请参阅Reschke 2012、Oliver and Pearsall 1998。

[8]关于这一过渡，请参阅Strauss 1983：190。

[9]援引了这则文本："我对如何治愈女性这个问题的答案被听到了吗——'拯救了'她？答案是给她一个孩子。女性需要孩子，男性对于她来说永远只是一种手段：查拉图斯特拉如是说。"（EH"为什么我会写出如此优秀的书"5）

[10]与此相似，林恩·蒂雷尔认为，"尼采对当时（白人的、欧洲人的、上层社会的）女性状况的惊人体谅缓和了他对女性的厌恶"（Tirrell 1998：219）。

[11]对尼采的另一种解读是，他厌恶女性，鄙视女性，请参阅Klaas Meiler 2012。一种明显的政治解读，请参阅David Owen 1998。欧文（Owen）声称，尼采关于女性的声明一方面可以理解为"反动和矛盾的本质主义的各个方面"，另一方面可以理解为"体现反本质主义多元性的面具，事实上，是'女性'范畴的解体"（Owen 1998：306）。这两种解读策略，欧文继续说道，

展示了某种本体论的政治："前者表现为对意义次序的立法决定，而后者则表现为对确定的语义次序可能性的诗意消解"（Owen 1998：306），分别对应于哲学家作为立法者的地位和作为诗人的地位。欧文总结道："在考虑女性主义政治问题时，尼采的系谱实践提供了一个'战略本质主义'概念，这个概念使得一种围绕着由特定的实际利益构成的'女性'概念的具体的女性主义政治得以建构。同时对他者保持开放的态度，因为'女性'这个概念是一个偶然的建构"（Owen 1998：320）。

[12] 19 世纪晚期的双性恋对于一些人来说是凶兆，对于另一些人来说是吉兆。对这些凶兆和吉兆的探讨是性征社会化的一个重要特征，我们将在下文对此进行讨论。探讨沃尔特·本雅明（Walter Benjamin）19 世纪概念中的这一主旨，请参阅 Greiert 2018。

[13] 论及尼采关于性别作为社会角色的某种表述性概念的批判性讨论，可参阅 Paul Patton 2000。虽然保罗·巴顿（Paul Patton）的批评针对的是朱迪思·巴特勒，但尚不清楚这种批评是否公正地对待了巴特勒的观点，即性和性别沿着自然与文化的界限的二元论正是问题所在。对于后一点的明确陈述，请参阅巴特勒的相关著述（Butler 1994，1993），特别是文章《重要的身体》（"Bodies that Matter"）和《批判性的酷儿》（"Critically Queer"）。

[14] 在这一点上，亦可参阅 van Tongeren 2014：159 - 161。

[15] 海克·绍滕（Heike Schotten）支持酷儿理论和尼采之间的某种联盟，是基于这样的信念："道德是一种政治工具，通过这种工具，人们根据人为的价值或价值理想化进行隔离，以污蔑、贬低、排斥和惩罚那些被其措施视为不够格的人"（Schotten 2018：5）。然而，绍滕并没有将尼采对道德的批判与正直或性征联系起来，因此与酷儿理论的联系纯粹停留在"方法"的层面。

[16] 保罗·范·汤格伦认为，论及"自在的女性"的节段提供了一个例

163

子，说明了尼采是如何设想哲学家之超越善恶的"残酷探索思维"（grausam-redliche Denken）的（van Tongeren 2014：163）。范·汤格伦暗示，文本在其语气中具有内在的攻守韬略，并因此提供了尼采超脱道德和自然化思想的一个极好的范例。范·汤格伦最后给出一个警告，警告认为，也许那些在尼采看似反对女性主义的文本中看不到美德的人是那些误解了"'男性和女性'的基本问题"（BGE 238）的人，那些人还留着我们祖父的辫子（BGE 214），那些人的美德已经成为"我们的限制、我们的愚钝"（unsere Grenze, unsere Dummheit）（BGE 227），一种让任何一位上帝都无法藏身其中的愚钝，但不过是隐藏了一个"意图"，一个"现代的意图"（BGE 239）（van Tongeren 2014：163 - 164）。

[17] 指的是以下引用："对于女性而言，自始就没有什么比真理更陌生、更悖逆、更敌对的东西了——她的伟大艺术是谎言，她最重要的事务是纯粹外观和美。坦然说出来吧，我们男性们：我们于女性（Weibe）所敬和所爱者，正是这种艺术和这种本能"（BGE 232）。

[18] 关于这一点，亦可参阅 Brusotti 2013。

[19] 亦可参阅 Derrida 1979。

[20] 亦可参阅："至少在他已经于他的作品中陈述的各种类型中不存在一个女性本身的真理，这些类型包括一群母亲、女儿、姐妹、老处女、妻子、家庭教师、妓女、处女、祖母和孙女"（Derrida 1998：63）。正因为如此，尼采和尼采的文本不认可单一的真理。对德里达关于真理和女性的解读多少有些误解的相关研究，请参阅 Ansell-Pearson 1993。

[21] 请参阅恩斯特·贝尔特拉姆（Ernst Bertram）的相关著述，他论及了角色的问题和"是什么力量创造了变形者？"的问题。依照贝尔特拉姆的观点，这个问题形成了《悲剧的诞生》的核心：狄俄尼索斯是一种变革性的力量，它迫使人们成为面具，一个超个体的、"神性"存在的面具。《悲剧的

诞生》揭示了"转变的问题和面具的魔法仍然正被某个观察者看到与解释着,而不是被某个自身被转变的人所看到与解释;它是在理论上被体验,而不是在酒神意义上被体验"(Bertram 2009:135)。尼采在其自我批判的序言中哀叹自己已经"说出"而不是"唱出"转变的力量。尼采的问题继而变成了如何作为一个变形者来言说,以使酒神具体化,而不是如何通过表演酒神或扮演酒神的人来谈论人类的转变。也许第231—239节提供了一个例证,来说明尼采是从转变者的角度而不是从转变的旁观者的角度来谈论人类的转变。

[22] 请参阅福柯的相关著述(Foucault 1990b),他认为女性通过性征化而歇斯底里是生命政治统治的一种手段。

[23] 希格杜尔·索格尔斯多蒂尔认为,性别差异在很多方面取决于生物学和具身化的差异,但这并不意味着性别差异构成了类似"永恒的女性"的东西。性别差异在很大程度上是由社会和文化的各种背景与条件决定的,因此会随时间和地点而改变。尼采确实赞同性别差异的改变。他对围于将女性视为喜爱感官享受(尤指情欲)的存在的文化持谨慎态度(Thorgeirsdottir 2012:69)。在这一点上,请参阅斯考隆(Skowron)对尼采的身体和精神的孕育的讨论(Skowron 2012)。亦可参阅《人性的,太人性的》"妇女和孩童"一章第377—437节以及《快乐的科学》的序言、第3节、第60节和第339节。

[24] 亦可参阅劳伦斯·朗佩特的相关著述(Lampert 2001),他区分了现代人的尊重和古代人的尊重这两种不同概念。他注意到尼采在开篇之处提到了现在给予女性的不寻常的关注(Achtung),然而在结尾之处尼采提到了希腊时代给予女性的完全不同的尊重,尊重不是基于现代的平等理想,而是基于女性的本性。依照朗佩特的说法,这两种态度的区别主要在于恐惧的激情:*165*"女性已经有理由不再害怕现代男性;希腊男性合情合理地害怕女性"(Lampert 2001:239)。我将在本章的下一部分进一步讨论现代和古代的性征

社会化之间的区别。

[25] 请参阅弗雷克罗（Freccero）的相关著述（Freccero 2017）以及她对 Derrida 2002 的讨论。亦可参阅考夫曼对尼采与猫的讨论（Kofinan 1984）。

[26] "关于女性，但丁和歌德所相信的——前者吟唱的是'她望着上空，我望着她'（ella guarda suso, ed io lei），后者则把它转写为，'那永恒的女性，引领我们向上'：我不怀疑，每个高贵的女性都将反对这样的信念，因为对于永恒的男性，她恰恰也相信这样"（BGE 236）。

[27] 亦可参阅劳伦斯·朗佩特的相关著述（Lampert 2001），他认为尼采对男女关系的思考反映了主奴辩证法的细微差别，因此不能解决统治问题："主奴辩证法的细微差别在尼采所描述的男女关系的方方面面如此突出，这种细微差别表明双方都存在不可避免的奴役形式和可实现的掌握形式：超越主要的男女关系，在更广阔的男性世界中，在为女性创造和形成孩子的过程中。如果男性在更广阔的世界中的掌控延伸到对女性的掌控，而且在男女关系中也有一种掌控，那么，这种支配的张力就产生了女性掌控掌控者所必需的聪明和巧妙"（Lampert 2001：236）。

[28] 对于里德尔而言，从一种有机自然的哲学转移到一种身体哲学，再到生理学，这种转变在尼采的生命哲学中最为明显："身体就是我和灵魂……灵魂只是表示身体中的某物的只言片语"（Z"身体的蔑视者"）。

[29] 里德尔注意到，与福柯的观点一致，文学人类学的性征化并不是精神分析的结果，而是相反，是精神分析和驱动力理论站在文学人类学的立场上——受生物学的（我还要补充一点，生命政治的）生命观念的影响，这里，生命本质上是有性的（Riedel 1996：xiv）。

[30] 和马克思一样，尼采也批评家长式社会破坏了女性更高级的本性。根据朱利安·杨（Julian Young）的说法，尼采努力争取让女性进入巴塞尔大学（Young 2010：191，390）。狄特和其他人指出，他的一些最亲密的朋友和

同事是女性，她们代表和促进了女性的事业，等等。此外，在《流浪者和他 166
的影子》（*Wanderer and his Shadow*）中，尼采对家长式的文化和社会的批判
正是因为家长式的文化和社会忽视了女性的智慧（Diethe 1996：287）。

　　[31] 关于尼采对女性文化和女性力量的思考受到了巴霍芬古代母系社会
理论的影响，请参阅 Oppel 2005：36。关于尼采和巴霍芬的研究，亦可参阅
Vatter 2015：177 - 178。

结语：后人类主义与生命共同体

　　纵览本书，我旨在论证，对于尼采而言，人归根结底地完全属于自然，是自然不可分割的一部分。为了回答"人是什么？"这个问题，尼采否认任何目的论的叙述，也不呼吁价值的超越性，而形而上学和宗教对待人类生命意义的方法正是以价值的超越性为特征。对于尼采而言，人类是没有本质的，因为一旦成为人，就必定被卷入某种辩证的运动，以至于人类越是努力变得"更为自然"，就越有能力"克服"自己。在前面几章，我致力于探讨这种对于尼采而言的超人状态如何成为一种文化状态——一种艺术性生产力和创造力的文化状态，通过对自然的体验而获得的这种文化状态，能够感受到自然中种种动力的混沌状态和知识的无边无垠。这种成就是通过培养属于动物生命和植物生命的特性来实现的。通过识别人类的动物性，甚至植物性，尼采把科学以开诚布公的态度所觉察到的自然和文化之间的连续统一体与一种伦理-政治观念联系起来，犬儒主义者最接近的正是这样一种关于什么本质上是正确的伦理-政治观念。对于尼采的自由精神或探究型科学家而言，"人是什么？"这一问题相当于"对于人类来说什么是自然的？"或者"谁是自然的人类？"等诸如此类的问题。如上所示，尽管尼采把反自然的人文主义与基督王国联系起来，并从他对希腊人的解释中得出，希腊人最接近于健康自然的人类，但是他关于"自然人"的教导的重点却旨在表明，人类历史上没有任何一个物种能够就"对于人类来说什么是自然的？"这一问题给出确凿无疑的、如同几何公式一般的答案。因为，对于他而言，人类天生就有一种转变和形塑自身存在方式的能力。根据本书对"自然人"的阐释，尼采对人类物种的再自然化的呼吁，最终导致了人类在其能够体现的生命连续性方面的去中心化。在这个意义上，尼采关于"自然人"的教导标志着后人类主义的到来。

后人类主义的两种形式

作为一种批判性的话语，当代后人类主义汇集了所有在尼采那里发现的关键主题。基于自然和文化之间的连续统一体的观念，拒绝拟人论（神人同形同性论）和物种等级次序；拒绝康德的人文主义，支持有变革能力的、自我克服的人类愿景；最后但并非最不重要的是，一种规范性的意图，旨在重新定义行为主体的可能性，而不仅仅是适应既定环境的属性，没有这种规范性的意图，后人类主义将不再是一种批判性的话语（Braidotti 2016；Wolfe 2010），然而，当代后人类主义话语尽管在尼采的"自然人"中有一个共同的先驱，但在论及如何恢复所继承的反人文主义和反拟人论这两项尼采遗产时分裂了。在这个总结部分，我试着呈现这种分裂的一种可能表现形式，我将通过生命政治的后人类主义和聚集的后人类主义之间的对立来描述它。

聚集的后人类主义的例证，我推荐的是罗西·布拉伊多蒂和卡里·沃尔夫（Cary Wolfe）的作品。尽管他们后人类主义理论的来源不同——布拉伊多蒂领受的是吉尔·德勒兹（Gilles Deleuze）的思想惠泽，沃尔夫则受惠于雅克·德里达和尼古拉斯·卢曼（Niklas Luhmann）的思想的共同熏陶，但他们都认为后人类主义与其说是对人类的"消除"，不如说是对"人类的特殊性的一种新的描述——它在世界上的存在方式，它认识、观察和描述的方式——通过（悖谬的是，由于人文主义）承认它本质上是一个假体，与各种形式的技术性和物质性共同进化，从根本上说，这些形式是'非人类'的，但却使人类成为现在的样子"（Wolfe 2010：xxv）[1]。同理，布拉伊多蒂认为后人类主义是两个命题同时并存的产物（Braidotti 2010）。第一个命题也出现在尼采的著作中：它坦承不存在什么"原初的人性"（Kirby 2011）。然而，第二个命题与尼采无涉：它声称只有"原初的技术性"（MacKenzie 2006）。

第二个主张是最近阐述基于技术的跨人类主义的基础，这些可以在雷·库兹韦尔（Ray Kurzweil）关于奇点的叙述和尤瓦尔·赫拉利（Yuval Harari）《未来简史》（*Homo dues*）的叙述中找到[2]。控制论和人工智能驱动的后人类主义，认为技术进步将把人类变成超人。与此相反的是，正如我在第一章所阐释的那样，尼采关于"自然人"的教导竭力避免凭借还原论的科学主义使人类自然化的任何企图。尼采通过将科学真理视为某种开诚布公的愿景来避免这种还原论，因而肯定人类本性的不可知性，它源于自然本身的混沌和深不可测的特性，以及人文科学的局限性。对于尼采而言，超人的状态不是通过给人类添上科技的翅膀或补足技术的强项就能实现的，而是通过识别出人类在自身中体验到动物生命和植物生命的延续性而获致的。只有撷取这种具有延续性的生命的真谛，领悟路德维希·宾斯旺格称之为活化身的"内在历史"，人类才能真正拥有无穷的创造力。

生命政治的后人类主义的观点，是从尼采关于"自然人"的教导中发展出来的，它把科技性或技术理解为固有的免疫性。基于这一生命政治的维度，并配用了吉奥乔·阿甘本的"人类学机器"等相关概念，没有这样一台"人类学机器"，人（anthropos）就不复存在。这样的"人类学机器"的工作方式是将原初的生命群落分离开来，在这个原初的生命群落中，无特定形式的生命或赤裸生命（zoe）与有特定形式的生命（bios）之间的疏离是不可能的，这样的"人类学机器"的工作方式是将它们（zoe 和 bios）重新组合在一个装置中，通过这个装置，权力得以对生命发布命令（Agamben

170

2004）。从这个维度来看，生命政治的后人类主义开启了一个修复的生命共同体，超越了所有试图让一个物种对抗另一个物种的尝试。生命政治的后人类主义，通过一种共同生命的观念，而不是人类之原初假体的或聚集式存在的主张，旗帜鲜明地阐述了尼采超越善恶的反人文主义和反拟人论的思想遗产。

通过观察动物和植物在自我理解中所扮演的不同角色与功能，我们就可以领悟到后人类主义的这两种基本方法之间的差异。在某种意义上，动物问题的魔盒之所以被打开，多亏了某种对生命的控制论理解，它将生命理解为一个自我生产的或者说一个自我再生的系统，罗西·布拉伊多蒂和卡里·沃尔夫都秉承这种理解。循此而论，如果没有某种预先设定的技术问题，就不会有任何"动物问题"[3]。诚如布拉伊多蒂所言：

171

> 某个个体与人类中心主义的距离还取决于这一个体对当代技术发展的评价及其与之的联系。在我的作品中，我一直强调技术至上的层面，以及这些技术的解放甚至超越的潜力。（Braidotti 2016：16）[4]

同样的道理既适用于布拉伊多蒂，也适用于沃尔夫所采纳的卢曼式的思想，即卢曼关于生命系统的自我参照和自我终止的观点，自然和文化之间的连续统一体、人类和非人类生命之间的共同体的可能性，最终是基于布拉伊多蒂所言的"无处不在的技术调解"（Braidotti 2016：17）。聚集的后人类主义的这种基本主张是"实践的结构性存在和将技术视为'第二天性'的调解装置"的先验事实（Braidotti 2016：19）。人类主体被搁置，取而代之的是"作为人类、非有机物、机械物和其他元素之混合聚集的后人类主体"（Braidotti 2016：19）[5]。换句话说，悖谬的是，人类只有通过作为"第二自然"的技术把自己从"第一自然"中分离出来，才能进入"第一自然"的共同体。

无论是布拉伊多蒂还是沃尔夫，都没有充分认识到一个令人关注的事实，即他们的后人文主义的"技术"或"假体"基础本身就是从哲学人类学的变体中衍生出来的，也就是说，来自赫尔穆思·普莱斯纳（Helmuth Plessner）基于以下维度对尼采的"自然人"的阐释，即一种极端不完整的与不安全的、缺乏本能的、其存在从一开始就亟须补偿的动物生命：一种"生来即为仿造"的存在（Plessner 2003）。普莱斯纳从尼采对人类智力的批判中得出了人类作为"有缺陷的"存在的观点，认为人类智力是一个不充分发展的器官，其唯一目的是弥补人类相对于其他动物及其环境的相对弱势（GS 110；TL）。在尼采看来，智力不再是人类优于自然的标志，也不再是人类优于动物生命的技术优势。但是，在我对自然人的描述中，人类相对于其他生命形式的不安全感不再是尼采哲学人类学的基准点。相反，正如第三章所探讨的通过精神分析来解构人类本性，尼采提出，作为知识的载体，人的身体优先于人的灵魂，同时也表明，正是驱动力的不可知赋予了人类变革的能力。尼采的哲学人类学从宾斯旺格所说的"生命的内在历史"出发，而不是从人体的功能出发。虽然技术性一直在寻求增强这一功能，但它几乎没有谈到通过身体的"内在历史"使人类参与的文化自我转型。而且，正如精神分析那一章所讨论的，对于尼采而言，人类创造力的根

172

源，既来自动物性的"残忍"，也来自植物生命的兼收并蓄和繁殖的特性：这两种特性都与那种软弱、无力或不安全的根源毫不相干。人类需要补充防御机制的预设，本身就是免疫技术的内在逻辑。正如我所探讨的，尼采（和西格蒙德·弗洛伊德）力图呼吁复归于自然作为人类创造力和自我克服的基础，以此克服由文明逻辑

173 在人类生命和其他生命之间设置障碍所诱导的所谓"弱势"。对于尼采来说，文明和技术的问题在于它们使人类自绝于自身的动物本性和植物本性，将人类从生命共同体中分离出来，也将人类从那些驱动力和本能中分离出来，这些驱动力和本能使人类得以与其他形式的非人类生命建立意义深远的友好联系。

众生-平等主义与生命共同体

德勒兹和伽塔利（Guattari）的反人文主义概念作为某种"生成-动物"的功能，显然是法国哲学家最依赖尼采的概念建构之一（Deleuze and Guattari 1987）。德勒兹和伽塔利的尼采元素被布拉伊多蒂对众生（zoe）的肯定采纳。布拉伊多蒂肯定"众生"，或"非人类生命的生成力"，它"通过跨物种和基因互转互联而起作用……这可以被最好地描述为一种非整齐划一地得到呈现的主体和并联互属的生态哲学"（Braidotti 2013：203）。在《后人文主义》（*The Posthuman*）一书中，布拉伊多蒂认为，自然和文化之间的连续统一体需要一种"以众生为中心的平等主义"（Braidotti 2013：

60)[6]。相比之下，沃尔夫拒绝这种平等主义，因为它会破坏自我指涉的自组织系统的理念。要澄清生命政治的后人类主义和聚集的后人类主义之间的区别，或许最好的办法就是探讨支持和反对"众生-平等主义"之可能性的各种论据。

沃尔夫在他的著作《法律之外：生命政治框架下的人类和其他动物》（*Before the Law: Humans and Other Animals in a Biopolitical Frame*）中所批评的众生-平等主义正是罗伯托·埃斯波西托所拥护的，并构成了他自己所提议的对生命政治的肯定方法的一部分（Wolfe 2013）。和布拉伊多蒂一样，埃斯波西托也借鉴了德勒兹关于人之生成-动物的观点，但和布拉伊多蒂不同的是，他通过尼采关于共同体和生命的免疫力的论述来理解它，并从中构建了所称的生命政治的后人类主义。

埃斯波西托欣然接受了两个原则：首先是生命的生物连续性原则；其次是生命整体的统一性和连续性，在这种统一性中，"生命的任何一部分都不能因偏袒另一部分而被破坏：每一种生命都是生命的一种形式，每一种形式都意味着一种生命"（Esposito 2008：194）。沃尔夫则论及"对每一种生命形式的无限等价原则"（Wolfe 2013：56）。埃斯波西托所欣然接受的这两个原则也是尼采"自然人"概念的核心，正如我在整本书中所论证的那样。埃斯波西托和尼采一样，都认为各种生命形式之间没有等级关系，所有的生命形式都被无差别地肯定。埃斯波西托的"肯定性生命政治学"认为，"众生-平等主义"促进了本质上独一无二的生命形式的多样化，然而沃尔夫主张用一种"实用主义"的方法来确定哪些生命形式可以

174

包含在生命共同体之中，哪些则应该被排除在外。

在沃尔夫看来，人类这种生命形式若要长存，就必须主动摧毁某些生命形式（例如病毒）。沃尔夫反对"将所有生命形式都作为豁免权保护的对象无条件地予以接纳"，相反，他建议回归德里达的责任伦理。他的观点是，所有生命形式"不可能都受到欢迎，也不可能一下子就受到欢迎"（Wolfe 2013：103），而德里达的责任伦理将为我们提供正确区分这些生命形式的工具，使我们得以确认究竟哪些生命形式应当受到法律保护，哪些生命形式依旧被排除在法律之外（Wolfe 2013：103-105）。然而，尚不清楚这种实用的方法如何能防止我们重新陷入区分生命延续性的物种等级次序，在这种次序下，某些物种比其他物种更有价值，有些物种比其他物种更受欢迎，有些物种为了其他物种的生存必须被灭绝。

不像聚集的后人类主义及其假体假设，埃斯波西托转而求助于尼采和他的生命概念来解除人类的免疫装置，或者用阿甘本的话来说，是为了打破"人类学机器"（Agamben 2004）。在 2008 年的《特定形式的生命：生命政治和哲学》（*Bios：Biopolitics and Philosophy*）一书中，埃斯波西托在尼采的思想中既识别出关于在免疫最大化中发现的自我毁灭倾向的表述，又确定了他称之为"超免疫"的说法，进而确立了一种更为积极的路径，使免疫力再次成为生命的监护人和制造者。从这个观点来看，人类的再自然化意味着个体对威胁她的事物敞开心扉，以纾解个体无所不在的自我保护。人类需要通过回归动物性的生活以使自己免疫，并打破所有人为的和精神上的幻想，即为了自我保护的目的，人类试图将自己与其他

生物完全隔离开来。通过打破文明的栅栏，人类将重新发现自己是
一个生命共同体的一部分，这个共同体将人类生命置于其他各种非
人类生命形式的相互作用之间。

　　一种肯定性生命政治学承认，生命不断地形成和改变，在与其
他生命形式的多重相遇中创造和再创造自己。生命是创造性的，它
赋予自己某种形式，并积极地创造和再创造自身的各种形式与生存
方式。我在本书中指出了，这些生命的关键特征在尼采转换性的
"自然人"概念中处于枢纽的位置。人类本性是生命的透射，因为
它不仅意味着盈余、丰沛和充溢，还蕴含着创造性、规范性和价值
创新。这也是很重要的一点，因为它表明了为什么肯定性生命政治
学会质疑这样一种观点，即存在着某种生命之上和之外的视角，这
种视角"给予"价值，"允许"生命或"赋予"生存权，正如沃尔
夫所宣称的那样。反之，生命与价值、生命与规范、生命与形式是
不可分割的，因为价值、规范、形式是生命所固有的，是生命之创
造性的表现。

> 176

生命共同体和肯定性生命政治学

　　肯定性生命政治学对在法律范围内包容和排斥生命的辩论有重
要的贡献。首先，肯定性生命政治学提供了一种以共同体的生成为
导向的政治理念。在这里，共同体代表某种共同的体验，后者并没
有指定一种基于某种消除差异的共同归属感的共享身份或共同经

历，而是标示了一种原本内在地多样且独特的事物的共通性。从肯定性生命政治学来看，诚如埃斯波西托所言，共同体只有在差异的、多样的、独特的和"非人称的"情况下才可能存在（Esposito 2012）。就其本身而论，肯定性生命政治学不是沃尔夫所言的某种"免疫保护主体"的政治（Wolfe 2013：55），而是某种共同体的政治，它是一种"纯关系"的政治、一种"无主体的联系"（Esposito 2008：89）。

其次，为共同体而奋斗与为正义而奋斗是并行不悖的。正义不是指基于经济交换的对等契约关系，这种经济交换关系契合双方的最佳利益。相反，正义意味着一种不对称的礼品馈赠的关系，这种关系本质上是非经济的，将我们联系在一起的是我们彼此感恩于对方的事实。我们彼此背负着无限的责任，这是一笔永远无法穷尽的无限债务。正是因为有了这些相互的债务，我们才始终是平等的。从肯定性生命政治学角度来看，正义是建立在互赠礼物和彼此感恩的基础之上的。

到目前为止，概括而言，共同体和正义的概念是在从乔治·巴塔耶（Georges Bataille）、莫里斯·布兰肖特（Maurice Blanchot）到让-吕克·南希和乔治·阿甘本的欧洲哲学中对共同体的新思考中所予以阐明的。这些对共同体的后现代理解的独特之处在于，它们认为共同的纽带主要是由语言提供的，无论我们指的是一个既定的、口头的、实用性的习语，抑或是某种存在论的实体，如同马丁·海德格尔所言的"语言，作为'存在之家'"（2000）[7]。相比之下，在肯定性生命政治学中，共同的纽带是由尼采的生命概念提供的，它被理解为一种共享的生命，作为不同生命形式之间的统一力量。因此，肯定性生命政治学提供了一种同时思考共同体和生命的方式。尼采关于"自然人"的教导，通过指出一种总是先于和高于人类社会的生命共同体，为当前的共同体思想带来了新的视角，这一生命共同体反映在人类的"本性"中，体现在其富有生命力的、具身化实存的"内在历史"中。不是语言，而是共享的生命造就了真正的共同体。就像弗洛伊德关于人体的发现所讨论的那样，人类的历史与动植物的历史交织在一起，几乎无法截然分开。人体不是一种封闭性和免疫性原则，需要技术性的防卫性辅助，而是共享生命并与一切形式的生命（包括人类的和非人类的）相互联系的场所。身体没有一个封闭的恒等式将内在和外在、人类生命形式和非人类生命形式断然隔绝开来。尼采对植物生命（包括人体）的理解就是例证，人的身体镶嵌在环境之中，如同植物扎根于土壤之中，从而与其他生命形式休戚相关。

尼采的"自然人"被认为是一种生命形式，这种生命形式高度依赖于其他生命形式并因彼此之间的联系而得到改变。就其本身而言，"自然人"肯定了生命的整体性以及人类生命形式和非人类生命形式之间彻底的相互关联。这种彻底的相互关联的观念是肯定性生命政治学的坚实基础。在一种肯定性生命政治学中，政治不再囿于人类事务的领域。相反，正如埃斯波西托所言，以尼采的权力意志概念为鉴，生命（所有生命）本身就一直早已是政治性的。

最后，我对"自然人"的解读表明尼采对性征的思考和生命共同体之间有着某种联系。《善恶的彼岸》第七章"我们的美德"结

178

束于对性征和政治之关联的论述，本书借此阐明个中缘由。这种联系有赖于如下两大发现：其一，两性间的生命再生产成了 19 世纪生物学生命概念的核心；其二，性关系和家庭关系作为社会再生产的基础。尼采认为，生命是一种多元化和多样化的力量，我借此阐明生命共同体以性别政治的形式表达了其内在的生命政治。在尼采看来，通过性别差异，生命政治更改和转换了既定的以人为的惯例和社会契约为基础的司法-政治关系。正是生命和政治权力之间这种反基础的联系使得尼采之后的埃斯波西托对现代社会的司法-政治范畴提出了质疑，如消极自由和形式上的平等，以及其关于社会契约的自我合法化论述，依据这一论述，政治权力成了同意签署创始协议的自由个体之间约定俗成的产物。

众所周知，自由主义者追求以协议为基础的社会秩序，该协议将为各个成员带来和平与稳定，而所谓的民主斗争理论通过诉诸尼采的权力概念对自由主义者所追求的社会秩序提出了质疑，并认为斗争、竞争和战争没有最终的胜利者，生命的种种力量之间没有某种一劳永逸、一锤定音的终极平衡，而只有某种持续不断的、富有成效的、永无止境的斗争和较量。然而，竞博主义（agonism）的政治理论并没有将尼采的权力意志理论与他基于超越人类的扩展的生命共同体的肯定性生命政治学结合起来。在本书的最后一章，我辨明尼采自己指出性别问题和"'男性和女性'的基本问题"是权力意志与生命共同体联立的决定性基点。尼采确信两性之间的对立在某种意义上是必要的，因为性别意义上的本质是非实存的。尼采反对用自然道理来解释性别差异从而把人类的生成固化的做法，却提议将人类的性征视为转变的基础。因此，我认为尼采探讨性别问题为的是对人类进行去本质化。追随德里达的解读，我的研究表明尼采所指的性征意味着人类本性的他异性；一种人类本性中的他者，使每位个体得以远离或反驳那种以道德和形而上学真理的面貌出现的文明话语，这样的话语表征的是人类驾驭自然的种种形式。但尼采关于性征的论述及其不可避免的冲突性和争议性锋芒所向也涉及米歇尔·福柯对性别范畴的拒斥，福柯将它视为人类"隐匿的真相"，并认为在现代的性科学中，性别范畴已成为控制生命的权力工具。除了以上两种解释之外，我们还需加上尼采的另一想法：只有当权力关系反映出某种均衡时，冲突和对抗才是富有成效的，弱者和强者之间不可能有真实的对抗，真实的对抗总是只存在于或多或少对等的种种力量之间。在这里，均衡和对等是富有成效的对抗的起点，这种对抗导致某种司法秩序的确立，但它并不停留于某种最终的、绝对的政治形式。就此而论，女性主义者对尼采关于性别问题的论述所做的平等主义解读拥有最后的话语权，而"'男性和女性'的基本问题"则成为人类成其为人的非支配性和转换性实践所需的多元性别建构的首选之地。

注释

[1] 文中强调为我所加。

[2] 关于尼采究竟是超人类主义的先驱还是其敌人的问题，请参阅 Tuncel 2017。

[3] 沃尔夫将这种理解生命的控制论方式归功于卢曼、温贝托·马图拉纳（Humberto Maturana）和弗朗西斯科·瓦雷拉（Francisco Varela），当然，

它也存在于唐娜·哈拉韦（Donna Haraway）的半人半机器的生物及其随后伴生物种的理想中，以肿瘤鼠和其他类似的杂交或集合的生命形式为例（Haraway 2008）。在当代后人文主义话语的另一先驱凯瑟琳·海尔斯（Katherine Hayles）的作品中也发现了类似的观点（Hayles 1999）。

[4] 文中强调为我所加。

[5] 亦可参阅布拉伊多蒂的相关著述，她声称："自然范畴和文化范畴之间的界限已经被取代，并在很大程度上因为科技进步的影响而变得模糊不清"（Braidotti 2013：3）。其他关于"自然-文化连续统一体"之技术基础的陈述，亦可参阅 Braidotti 2013：61－62，82－85，103，112，136，139，158。布拉伊多蒂在她的文章中谈到了她的观点和哈拉韦的观点之间的共同点，布拉伊多蒂谈到"拒绝落入古典自然/文化鸿沟的陷阱：不存在任何迥异于技术调解的自然目的或秩序"（Braidotti 2006：199）。

[6] 米切尔·范·因根（Michiel van Ingen）批评了这种平均主义，理由是，将文化消融在自然中意味着不允许人类发挥能动作用，除非人们相信自然"自身"能够解决气候变化等问题（van Ingen 2016：537）。

[7] 对共同体的新思考在许多方面是作为对 20 世纪人文主义危机的某种回应。然而，到目前为止，这种思考并没有充分质疑人类生命形式和非人类生命形式之间正在消失的边界。在 20 世纪人文主义危机论战的发展进程可以分为两个阶段。第一个阶段可以 20 世纪 40 年代萨特和海德格尔之间的交流为例证。它涉及人们对海德格尔早期就人之存在于世或人之此在所做的分析的不同反应。在这第一阶段，人之此在，在它的多种意义上，被认为是人类主体去中心化的缘由。在关于人文主义危机第一阶段的论争之后，紧跟着的是 20 世纪 60 年代克劳德·列维-斯特劳斯（Claude Lévi-Strauss）、德里达和福柯对存在主义进行的结构主义与后结构主义批判。可以说，这场争论的第二阶段，源于海德格尔后期思想的接受，接受他对人类实存优先权的背离并

"转而"（Kehre）把语言的优先性作为本体论可能性的定位。依照人文主义危机第二阶段的论争，使人类主体脱离中心位置的是语言的、非主体的意义结构。在我的假设中，近来在哲学和人文学科中出现的动物主题是人类主体离开中心的症状，与第一次和第二次关于人文主义危机的辩论相比，这是新的发现。此外，这一新的发展依赖于新近对尼采哲学的接受，而不是继续接受海德格尔的思想。尼采哲学为人文主义危机提供了不同于海德格尔哲学的视 *182*
角，因为尼采从人类生命形式与动物生命形式的连续性出发来理解人类文化。相反，海德格尔对人文主义的批判始终主张人类生命形式与动物生命形式之间的非连续性。他对传统人文主义的批判实际上是在寻求一种新的人文主义（Sloterdjik 1999）。相比之下，尼采对待文化的方法，一种认为意义的构成依赖于与人的动物性而非人的超越性互动的方法，为我们思考一种介于人类生命形式与非人类生命形式之间的生命共同体开辟了新的思路。

附　录

《善恶的彼岸》第 230 节 *

183 我所说的"精神的基本意志"或许会有点让人费解：请允许我在这里做一点解释吧。那个人们称之为"精神"的家伙常常威风凛凛地想要在里里外外都成为主人，并且需要真切地感受到自己就是主人；它有着把多样化简化的意志，这是一种有约束力的、驯服力的、盛气凌人的和切切实实力图驾驭一切的意志。迄今为止，它的

---

　　* Friedrich Nietzsche (1989)，*Beyond Good and Evil：Prelude to a Philosophy of the Future*，trans. Walter Kaufmann，New York：Vintage Books. 依据德语原文对该英译本做了些许更改。

需要和能力，与生理学家所设想的一切活着的、成长着的、繁殖着的事物所具有的需要和能力是一样的。精神占用异质成分的能力表现为它倾向于融合新旧事物，简化杂多事物，视而不见或拒斥任何绝对自相矛盾的事物——就像它不由自主地强调异质事物、"外在世界"任一部分中的某些特性和脉络，为了适合它自身而润饰和篡改所有的方方面面。这一切都是为了吸收新的"体验"，将新生事物归入旧的秩序中——总之，就是成长——或者，更确切地说，其目的就是感觉到成长，感觉到力量的增强。

这同一种意志还有一种截然不同的强烈欲望可资利用：一种突184如其来的、喷薄而出的对无知的偏爱，对深思熟虑的排斥的偏爱；突然紧闭心扉，内在地否定林林总总的事物，拒人于千里之外；一种对易知事物的防御状态；一种对默默无闻、孤陋寡闻安之若素的坦然；一种对一无所知泰然自若的接纳和赞许——所有这些都是必要的，与精神运筹帷幄的力量相称，打个比方来说，与它的"消化能力"相当——实际上，"精神"相对而言最类似于胃。

此时，精神也暂时决意听凭自己受骗，也许是受到某种事实并非如此之类变化无常之讽示的影响，它暗示着这样一个事实：一个人只是在所有捉摸不定和模棱两可的事物中接受了如此这般的快乐，在那被放大、被缩小、被错置、被美化的事物中，以某种太过切近并十分抢眼的方式接纳某种喜气洋洋的自得其乐，呈现出某种随心所欲的小家子气和某个隐蔽角落的神秘气息，具有权力之所有这些表达式的变化无常之特性的自得其乐。

最后，此时精神绝非理直气壮地随时准备着去欺骗其他种种精神并在它们面前装糊涂，掩饰某种创造性的、赋形的、可变的力量之永不停歇的驱策和奔涌：对于自身多重多样、巧妙至极的面具，精神乐在其中，它也喜爱藏在幕后的安全感：毕竟，毋庸置疑，正是那普洛透斯般变化多端的手法最利于保护和掩饰它。

这种想要纯粹外观、决意简化、喜欢面具、善于伪装的意志，简而言之，适合于表层的意志——因为每一表层都是某种遮盖物——与知识探求者精益求精的爱好背道而驰。这样的知识探求者坚持深刻地、多维度地和透彻地看待事物，并执意于某种凭理智做事者之良知和品味特有的残忍。每一个英勇无畏的思想者都会承认自己身上有这样一种残忍，只要假定他已经为自己磨炼和磨砺了足够长的时间，使他的眼睛变得坚定而敏锐，并且已经习惯了严苛的纪律和尖刻的言辞，那他就会对这样一种残忍泰然自若了。他愿意说："我的精神倾向中有某种残忍的东西"；以此谨让道德高尚者与和善可亲者尽力劝说他，让他相信实情并非如此！

事实上，如果我们这些真正的自由精神被广为传颂、低声称道和大加赞美的，不是我们的残忍，而是我们的"极度诚实"，那听起来一定会更为美妙些—— 或许有一天我们真会得到那样的死后荣誉。与此同时——因为在那之前还有足够多的时间，我们自己大概最不愿意用这种浮华不实、吹嘘炫耀的道德辞藻来装扮自己：我们先前的全部行为都让我们厌倦这种品味和它那兴高采烈的挥霍。它们是令人着迷的、闪闪发光的、叮当作响的、节日欢庆的字眼：诚实、热爱真理、热爱智慧、为知识献身、真实的英雄气概——在这些字眼中有着某些使人心中涨满自豪感的东西。但我们这些隐士和土拨鼠，很久以前在我们绝密的良知深处就已深信，这种文字上值得尊敬的炫耀，也如同人类潜意识的虚荣心的陈旧而虚伪的浮夸、废物一般俗艳的服饰和扎眼却有害的涂抹，并深信即使在如此自命不凡的情调和妆搭之下，可怕的基本底稿自然人必须再次被辨认出来。

让人类复归于自然；日益明了迄今为止在那个永恒的基本底稿自然人之上潦草涂画的许多徒劳无功的、过于热情的诠释和内涵；为了确保人类从今以后以如下姿态站立在人类面前，就好像他经过严格的科学训练之后已变得坚定，而站立在其他形式的自然面前那样，两眼像俄狄浦斯的眼睛那样勇敢无畏，双耳像奥德修斯的耳朵那样紧紧塞住，对旧形而上学的捕鸟者的塞壬之歌充耳不闻，这些捕鸟者的引诱声已在他耳边响了太久："你拥有的更多，你的地位更高，你的出身与众不同！"——这可能是一项古怪又艰巨的任务，但这是一项任务——谁会否认呢？我们为什么要选择这项艰巨的任务？或者换句话说："究竟为何要有知识？"

186

每个人都会向我们提出这个问题。我们一再受到追问，我们也已千百遍对自己提出这些同样问题，我们四处寻找，却无法找到较好的答案——。

《敌基督者》第 14 节 *

我们已经变得更为博学，在各个方面都变得更为谦逊。我们再

也不会在"精神"或"神性"中追溯人类的起源，而是往后回溯到动物中。我们把人类看作最强大的动物，因为他是最巧妙的：他的精神性就是由此而产生的。在另一方面，我们也反对这里可能重新抬头的狂妄自负，这种狂妄自负认为，人似乎已经是动物进化中最了不起的、善于掩饰自己的目标。人根本不是最尊贵的造物；任何其他生物都具有跟他一样完美的层级……甚至我们这样说的时候，似乎还言之过甚：相对而言，人是一切动物中最不称心如意的动物、最病弱的动物，因为他是最危险地偏离了自身本能的动物——当然，也正是因为这个缘故，也就是最有吸引力的一种动物！——至于其他各种动物究竟是什么，笛卡尔在历史上最先以一种令人尊敬的勇气大胆宣称，我们必须把动物理解成某种机器：我们整个生理学无一例外地都在努力证明这个命题。我们在逻辑上也并不像笛卡尔实际上所做的那样把人类排除在这个命题之外：今天我们对人的理解是真实学问，恰恰在于这种学问已经达到了把人理解为某种机器的程度。从前，"自由意志"如同更高次序的嫁妆一样被备置并颁赠予人类；今天，就我们不再允许人类把意志看作一种天资而言，我们甚至已完全摘除了人类的意志。"意志"这个古老的词语现在只用来表示一种合力、一种个体的反作用力，这种反作用力必然是随着大量在一定程度上相互矛盾、在一定程度上又协调一致的刺激之物而来的——意志再也不能"达到"任何目的，再也不能"改变"任何事物。先前有些时候，有人在人类的意识中，在人类的"精神"中，看到了人类更高级的起源的证据，看到了人类之神性的证据；为了让人变得完美无缺，有人建议，人就要像乌龟一样收回他的感官，停止与尘世间所有东西的接触，藏好他那必死性的躯壳：只有这样，人才能退而保全自己最重要的东西，保全"纯粹的精神"。在这里我们也已经想妥更好的万全之策："意识化"或"精神"，在我们看来，它们恰恰是有机体相对不完美的象征，恰恰是某种尝试、摸索、试错，恰恰是一种无端消耗大量精力的苦差事——我们决不承认，那种认为"任何事物如果是有意识地做出的，它就能做得完美"的观点。"纯粹的精神"就是纯粹的愚钝：因为如果我们摘除了神经系统和各种感官，如果我们摘除了"必死性的躯壳"，那么，我们就大错特错了——了结了一切！……

参考文献

188   Abel, Günter (2001), 'Bewussten-Sprache-Natur. Nietzsches Philosophie des Geistes', *Nietzsche-Studien: Internationales Jahrbuch für die Nietzsche-Forschung*, 30: 1, pp. 1 - 43.

Acampora, Christa D. (2006), 'Naturalism and Nietzsche's Moral Psychology', in Keith Ansell-Pearson (ed.), *A Companion to Nietzsche*, Cambridge: Cambridge University Press, pp. 314 - 333.

Acampora, Christa D. , and Keith Ansell-Pearson (2011), *Nietzsche's 'Beyond Good and Evil': A Reader's Guide*, London: Continuum.

Adorno, Theodor W. , and Max Horkheimer (2002), *Dialectic of Enlightenment*, New York: Continuum.

Agamben, Giorgio (2004), *The Open: Man and Animal*, trans. K. Attell, Stanford: Stanford University Press.

Ansell-Pearson, Keith (1993), 'Nietzsche, Woman and Political Theory', in Paul Patton (ed.), *Nietzsche, Feminism and Political Theory*, London and New York: Routledge, pp. 27 - 48.

Ansell-Pearson, Keith (2000), 'On the Miscarriage of Life and the Future of the Human: Thinking beyond the Human Condition with Nietzsche', *Nietzsche-Studien: Internationales Jahrbuch für die Nietzsche-Forschung*, 29: 1, pp. 153 - 177.

Arendt, Hannah (1958), *The Human Condition*, Chicago: University of Chicago Press.

Assoun, Paul-Laurent (2000), *Freud and Nietzsche*, London and New York: Continuum.

Babich, Babette E. (2001), 'Nietzsche's Chaos Sive Natura: Evening Gold and the Dancing Star', *Revista Portuguesa de Filosofia*, 57, pp. 225 - 245.

Bachofen, Johann Jakob (1861), *Das Mutterrecht: Eine Untersuchung über die Gynaikokratie der Alten Welt nach ihrer religiösen und rechtlichen Natur*, Stuttgart: Verlag von Krais und Hoffmann.

Baeumler, Alfred (1928), 'Nietzsche und Bachofen', *Neue*

Schweizer Rundschau, 5, pp. 323 – 343.

Bebel, August (1883), *Die Frau in der Vergangenheit*, *Gegenwart und Zukunft*, Zürich: Hottingen.

Becker, Gary S. (1996), *The Economic Way of Looking at Behaviour*: *The Nobel Lecture*, 69, Stanford: Hoover Institution Press.

Beekman, Tinneke (2009/2010), 'Turning Metaphysics into Psychology: Sigmund Freud and Friedrich Nietzsche', *New Nietzsche Studies*, 8: 1/2, pp. 98 – 118.

Benoit, Blaise (2012), 'Die Redlichkeit ("als Problem"): la vertu du philogue? Probité et justice selon Nietzsche', in Jean-François Balaud and Patrick Wotling (eds.), '*L'art de bien lire*': *Nietzsche et la philologie*, Paris: Librairie Philosophique J. Vrin, pp. 95 – 107.

Bertino, Andrea Christian (2011a), '"As with Bees"? Notes on Instinct and Language in Nietzsche and Herder', in João Constâncio and Maria João Mayer Branco (eds.), *Nietzsche on Instinct and Language*, Berlin and Boston: De Gruyter, pp. 3 – 34.

Bertino, Andrea Christian (2011b), '*Vernatürlichung*', Berlin: De Gruyter.

Bertram, Ernst (2009), 'Mask', in *Nietzsche: Attempt at Mythology*, Urbana and Chicago: University of Illinois Press, pp. 134 – 153.

Binswanger, Ludwig (1947), *Ausgewählte Vorträge und Aufsätze*, *Band I*, *Zur phänomenologischen Anthropologie*, Bern: A. Francke.

Bishop, Paul (2009), 'Jung Looking at the Stars: Chaos, Cosmos and Archetype', *International Journal of Jungian Studies*, 1: 1, pp. 12 - 24.

Braidotti, Rosi (2006), 'Posthuman, All Too Human: Towards a New Process Ontology', *Theory, Culture and Society*, 23: 7 - 8, pp. 197 - 208.

Braidotti, Rosi (2013), *The Posthutman*, Cambridge and Malden, MA: Polity.

Braidotti, Rosi (2016), 'Posthuman Critical Theory', in Debashish Banerji and Makarand R. Paranjape (eds.), *Critical Posthumanism and Planetary Futures*, New Delhi: Springer, pp. 13 - 36.

Branham, R. Bracht (1996), 'Defacing the Currency: Diogenes' Rhetoric and the Invention of Cynicism', in R. Bracht Branham and Marie-Odile Goulet-Cazé (eds.), *The Cynics: The Cynic Movement in Antiquity and Its Legacy*, Berkeley, Los Angeles and London: University of California Press, pp. 81 - 104.

Brusotti, Marco (2011), 'Naturalismus? Perfektionismus? Nietzsche, die Genealogie und die Wissenschaften', in Marco Brusotti, Günter Abel and Helmut Heit (eds.), *Nietzsches Wissen-*

schaftsphilosophie：*Hintergründe*，*Wirkungen und Aktualität*，Berlin and Boston：De Gruyter，pp. 59 – 91.

190 Brusotti，Marco（2013），'Der schreckliche Grundtext Homo Natura：Texturen des Natürlichen im Aphorismus 230 von "*Jenseits von Gut und Böse*"'，in Axel Pichler and Marcus Andreas Born（eds.），*Texturen des Denkens：Nietzsches Inszenierung der Philosophie in 'Jenseits von Gut und Böse'*，Berlin and Boston：De Gruyter，pp. 259 – 278.

Brusotti，Marco（2014），'Vergleichende Beschreibung versus Begründung. Das fünfte Hauptstück："zur Naturgeschichte der Moral"'，in Marcus Andreas Born（ed.），*Friedrich Nietzsche-Jenseits von Gut und Böse*，Berlin：Akademie Verlag，pp. 111 – 130.

Butler，Judith（1993），*Bodies that Matter：On the Discursive Limits of 'Sex'*，London：Routledge.

Butler，Judith（1994），'Against Proper Objects'，*Differences：A Journal of Feminist Cultural Studies*，6：2/3，pp. 1 – 26.

Butler，Judith（1999），*Gender Trouble*，New York：Routledge.

Clarke，Maudemarie（1998），'Nietzsche's Misogyny'，in Kelly Oliver and Marilyn Pearsall（eds.），*Feminist Interpretations of Friedrich Nietzsche*，University Park：Pennsylvania State University Press，pp. 187 – 198.

Cohen，Alix A.（2008），'Kant's Answer to the Question

"What is Man?" and Its Implications for Anthropology', *Studies in History and Philosophy of Science*, 39, pp. 506 – 514.

Cox, Christoph (1999), *Nietzsche, Naturalism and Interpretation*, Berkeley, Los Angeles and London: University of California Press.

Deleuze, Gilles, and Félix Guattari (1987), *A Thousand Plateaus: Capitalism and Schizophrenia*, Minneapolis: University of Minnesota Press.

Derrida, Jacques (1979), *Spurs: Nietzsche's Styles/Éperons. Les styles de Nietzsche*, trans. B. Harlow, Chicago: University of Chicago Press.

Derrida, Jacques (1998), 'The Question of Style', in Kelly Oliver and Marilyn Pearsall (eds.), *Feminist Interpretations of Friedrich Nietzsche*, University Park: Pennsylvania State University Press, pp. 50 – 80.

Derrida, Jacques (2002), *The Animal That Therefore I am*, New York: Fordham University Press.

Desmond, William (2008), *Cynics*, Berkeley, Los Angeles and London: University of California Press.

Diethe, Carol (1996), *Nietzsche's Women*, New York and Berlin: De Gruyter.

Emden, Christian J. (2014), *Nietzsche's Naturalism: Philosophy and the Life Sciences in the Nineteenth Century*, Cambridge：Cambridge University Press.

Esposito，Roberto (2008)，*Bios：Biopolitics and Philosophy*，Minneapolis：University of Minnesota Press.

191　　　Esposito，Roberto (2011)，*Immunitas：The Protection and Negation of Life*，trans. Z. Hanafi，Cambridge and Malden，MA：Polity.

Esposito，Roberto (2012)，*Third Person：Politics of Life and Philosophy of the Impersonal*，trans. Z. Hanafi，Cambridge and Malden：Polity.

Firestone，Shulamith (2003)，*The Dialectic of Sex：The Case for Feminist Revolution*，New York：Farrar，Straus and Giroux.

Fischer，Joachim (2018)，'"Utopischer Standort" und "Urphantasie" des "noch nichr festgestellten Tieres". Nietzsche-Transformationen in der Philosophischen Anthropologie Plessners und Gehlens'，in Thomas Ebke and Alexey Zhavoronkov (eds.)，*Nietzsche und die Anthropologie：Internationales Jahrbuch für Philosophische Anthropologie*，7，Berlin and Boston：De Gruyter，pp. 153 – 172.

Foucault，Michel (1977)，'Nietzsche，Genealogy，History'，in Donald F. Bouchard (ed.)，*Language，Counter-Memory，Practice：Selected Essays and Interviews*，Ithaca：Cornell University Press，pp. 139 – 164.

Foucault，Michel (1990a)，*The Archaeology of Knowledge*，

London: Routledge.

Foucault, Michel (1990b), *The History of Sexuality*, trans. R. Hurley, vol. 1, New York: Vintage Books.

Foucault, Michel (1993), 'Dream, Imagination, and Existence', in Ludwig Binswanger and Michel Foucault, *Dream and Existence*, ed. Keith Hoeller, Atlantic Highlands, NJ: Humanities Press International, pp. 31 – 80.

Foucault, Michel (1994a), *Dits et Ecrits: 1954—1988*, vol. 1, Paris: Gallimard.

Foucault, Michel (1994b), *The Order of Things: An Archaeology of the Human Sciences*, New York: Vintage Books.

Foucault, Michel (1996), *Foucault Live: Interviews, 1961—1984*, ed. Sylvère Lotringer, New York: Semiotext (e).

Foucault, Michel (1997), 'Friendship as a Way of Life', in Michel Foucault, *Ethics: Subjectivity and Truth*, *Essential Works 1954—1984*, vol. 1, ed. Paul Rabinow, New York: Vintage Books, pp. 135 – 140.

Foucault, Michel (2008), *Introduction to Kant's Anthropology*, Los Angeles: Semiotext (e).

Foucault, Michel (2010), *The Governtment of Self and Others: Lectures at the Collège de France, 1982—1983*, ed. Frédéric Gros, trans. G. Burchell, New York: Picador.

Foucault, Michel (2011), *The Courage of Truth (the Govern-*

ment of Self and Others II）: *Lectures at the Collège de France*, *1983—1984*, trans. Burchell, Basingstoke and New York: Palgrave Macmillan.

Freccero, Carla (2017), 'Les chats de Derrida', in Christian Hite (ed.), *Derrida and Queer Theory*, Brooklyn: Punctum Books.

Freud, Sigmund (1933), *New Introductory Lectures on Psycho-analysis and Other Works*, trans. J. Strachey et al. , *The Standard Edition of the Complete Psychological Works of Sigmund Freud*, vol. 22, London: The Hogarth Press.

Gasser, Reinhard (1997), *Nietzsche und Freud*, Berlin and New York: De Gruyter.

Gerhardt, Volker (2009), 'The Body, the Self and the Ego', in Keith Ansell-Pearson (ed.), *A Companion to Nietzsche*, Malden, MA: Blackwell, pp. 273 – 296.

Gillespie, Michael Allen (1999), 'Nietzsche and the Anthropology of Nihilism', *Nietzsche-Studien*, 28, pp. 141 – 155.

Gori, Pietro (2015), 'Nietzsche's Late Pragmatic Anthropology', *The Journal of Philosophical Research*, 40, pp. 377 – 404.

Goulet-Cazé, Marie-Odile (1996), 'Religion and the Early Cynics', in R. Bracht Branham and Marie-Odile Goulet-Cazé (eds.), *The Cynics: The Cynic Movement in Antiquity and Its Legacy*, Berkeley, Los Angeles and London: University of California Press, pp. 47 – 80.

Goulet-Cazé, Marie-Odile (2014), *Cynicme et Christianisme dans l' antiquité*, Paris: Vrin.

Granier, Jean (1977), 'Nietzsche's Conception of Chaos', in David B. Allison (ed.), *The New Nietzsche*, Cambridge, MA: MIT Press, pp. 135 – 141.

Granier, Jean (1981), 'Le statut de la philosophie selon Nietzsche et Freud', *Revue de Métaphysique et de Morale*, 86: 1, pp. 88 – 102.

Greiert, Andreas (2018), '"Aufknacken der Naturteleologie", Androgynität und anthropologischer Materialismus bei Walter Benjamin', *Zeitschrift für kritische Theorie*, 46/47, pp. 74 – 95.

Ham, Jennifer (2004), 'Circe's Truth: On the Way to Animals and Women', in Christa D. Acampora and Ralph R. Acampora (eds.), *A Nietzschean Bestiary: Becoming Animal Beyond Docile and Brutal*, Lanham: Rowman & Littlefield, pp. 193 – 210.

Han-Pile, Beatrice (2010), 'The "Death of Man": Foucault and Anti-Humanism', in Timothy O' Leary and Christopher Falzon (eds.), *Foucault and Philosophy*, Oxford: Wiley-Blackwell, pp. 118 – 142.

Haraway, Donna J. (2008), *When Species Meet*, Minneapolis and London: University of Minnesota Press.

Harper, Kyle (2017), 'Freedom, Slavery, and Female Honor in Antiquity', in John Bodel and Walter Scheidel (eds.), *On Hu-*

man Bondage: *After Slavery and Social Death*, Chichester: Wiley & Sons, pp. 109 – 121.

Harries, Karsten (1988), 'The Philosopher at Sea', in Michael Allen Gillespie and Tracy B. Strong (eds.), *Nietzsche's New Seas: Explorations in Philosophy, Aesthetics, and Politics*, Chicago and London: University of Chicago Press, pp. 21 – 44.

193   Hatab, Lawrence J. (2015), 'Nietzsche, Nature, and the Affirmation of Life', in Vanessa Lemm (ed.), *Nietzsche and the Becoming of Life*, New York: Fordham University Press, pp. 32 – 48.

Hayles, Katherine (1999), *How We Became Posthuman: Virtual Bodies in Cybernetics Literature and Informatics*, Chicago and London: University of Chicago Press.

Heidegger, Martin (2000), *Über den Humanismus*, Frankfurt: Vittorio Klostermann.

Heit, Helmut (2014), 'Erkenntniskritik und experimentelle Anthropologie. Das erste Hauptstück: "von den Vorurtheilen der Philosophen"', in Marcus Andreas Born (ed.), *Friedrich Nietzsche-Jenseits von Gut und Böse*, Berlin and Boston: De Gruyter, pp. 27 – 46.

Heit, Helmut (2016), 'Naturalizing Perspectives. On the Epistemology of Nietzsche's Experimental Naturalizations', *Nietzsche-Studien: Internationales Jahrbuch für die Nietzsche-Forschung*, 45: 1, pp. 56 – 80.

Higgins, Kathleen Marie (1998), 'Gender in *The Gay Science*', in Kelly Oliver and Marilyn Pearsall (eds.), *Feminist Interpretations of Friedrich Nietzsche*, University Park: Pennsylvania State University Press, pp. 130 – 151.

Honenberger, Phillip (2016), 'Introduction', in Phillip Honenberger (ed.), *Naturalism and Philosophical Anthropology: Nature, Life, and the Human between Transcendental and Empirical Perspectives*, Basingstoke: Palgrave Macmillan, pp. 1 – 26.

Howey, Richard (1973), *Heidegger and Jaspers on Nietzsche: A Critical Examination of Heidegger's and Jaspers' Interpretations of Nietzsche*, The Hague: Martinus Nijhoff.

Irigaray, Luce (1991), *Marine Lover of Friedrich Nietzsche*, trans. G. C. Gill, New York: Columbia University Press.

Jaspers, Karl (1981), *Nietzsche: Einführung in das Verständnis seines Philosophierens*, Berlin: De Gruyter.

Jonas, Hans (2001), 'Is God a Mathematician? The Meaning of Metabolism', in Hans Jonas, *The Phenomenon of Life: Toward a Philosophical Biology*, Evanston, IL: Northwestern University Press, pp. 62 – 91.

Kant, Immanuel (1912), *Anthropologie; Fortschritte der Metaphysik/Vorlesungen Kants über Pädagogik/Vorlesungen Kants über Logik*, ed. Ernst Cassirer, 11 vols, vol. 8, *Immanuel Kants Werke*, Berlin: Bruno Cassirer.

Kant，Immanuel （2006）， *Anthropology from a Pragmatic Point of View*，Cambridge：Cambridge University Press.

Kierkegaard，Soren （1962）， *The Present Age*，New York：Harper and Row.

Kirby， Vicky （2011）， *Quantum Anthropologies：Life at Large*，Durham，NC，and London：Duke University Press.

194 Klaas Meiler，Brigitta （2012），'Frauen：Nur gut fürs Basislager oder auch für den philosophischen Höhenweg'，in Renate Reschke （ed. ）， *Frauen：Ein Nietzschethema? Nietzsche：Ein Frauenthema?*，Berlin：Akademie Verlag，pp. 31 – 52.

Knobe，Joshua，and Brian Leiter （2007），'The Case for Nietzschean Moral Psychology'，in Brian Leiter and Neil Shinhababu （eds. ）， *Nietzsche and Morality*，Oxford：Oxford University Press，pp. 83 – 109.

Kofman，Sarah （1979）， *Nietzsche et la scène philosophique*，Paris：Editions Galilée.

Kofman，Sarah （1983）， *Nietzsche et la métaphore*，Paris：Editions Galilée.

Kofman，Sarah （1984）， *Autobiogriffures：du chat Murr d'Hoffmann*，Paris：Editions Galilée.

Kofman，Sarah （1998），'Baubô，Theological Perversion and Fetishism'，in Kelly Oliver and Marilyn Pearsall （eds. ）， *Feminist Interpretations of Friedrich Nietzsche*，University Park：Pennsylvania State University Press, pp. 21 – 49.

Krüger, Hans-Peter (2018), 'Von generöser Souveränität im europäischen Geist. Helmuth Plessners natur-und geschichtsphilosophische Kritik an Nietzsches Anthropo-Genealogie', in Thomas Ebke and Alexey Zhavoronkov (eds.), *Nietzsche und die Anthropologie: Internationales Jahrbuch für Philosophische Anthropologie*, 7, Berlin and Boston: De Gruyter, pp. 137 – 152.

Lampert, Laurence (2001), *Nietzsche's Task: An Interpretation of Beyond Good and Evil*, New Haven and London: Yale University Press.

Large, Duncan (1990), '"Geschaffene Menschen": The Necessity of the Literary Self in Nietzsche, Musil and Proust', *Neohelicon*, 17: 2, pp. 43 – 60.

Leiter, Brian (1992), 'Nietzsche and Aestheticism', *Journal of the History of Philosophy*, 30: 2, pp. 275 – 290.

Leiter, Brian (2002), *Nietzsche: On Morality*, London: Routledge.

Leiter, Brian (2013), 'Nietzsche's Naturalism Reconsidered', in John Richardson and Ken Gemes (eds.), *The Oxford Handbook of Nietzsche*, Oxford: Oxford University Press, pp. 579 – 598.

Lemm, Vanessa (2007), 'Is Nietzsche a Perfectionist? Rawls, Cavell and the Politics of Culture in Nietzsche's "Schopenhauer as Educator"', *Journal of Nietzsche Studies*, 34, pp. 5 – 27.

Lemm, Vanessa（2009）, *Nietzsche's Animal Philosophy: Culture, Politics and the Animality of the Human Being*, New York: Fordham University Press.

Lemm, Vanessa（2013）, 'Nietzsche, *Einverleibung* and the Politics of Immunity', *International Journal of Philosophical Studies*, 21: 1, pp. 3 - 19.

195 Lemm, Vanessa（2014a）, 'The Embodiment of Truth and the Politics of Community: Michel Foucault and the Cynics', in Vanessa Lemm and Miguel Vatter（eds.）, *The Government of Life: Foucault, Biopolitics and Neoliberalism*, New York: Fordham University Press, pp. 208 - 223.

Lemm, Vanessa（ed.）（2014b）, *Nietzsche y el devenir de la vida*, Santiago de Chile: Fondo de Cultura Económica.

Lemm, Vanessa（ed.）（2015）, *Nietzsche and the Becoming of Life*, New York: Fordham University Press.

Lemm, Vanessa（2016a）, 'Nietzsche and Biopolitics: Four Readings of Nietzsche as a Biopolitical Thinker', in Sergei Prozorow and Simona Rentea（eds.）, *The Routledge Handbook of Biopolitics*, London: Routledge, pp. 50 - 65.

Lemm, Vanessa（2016b）, 'Is Nietzsche a Naturalist? Or How to Become a Responsible Plant', *Journal of Nietzsche Studies*, 47: 1, pp. 61 - 80.

Lemm, Vanessa（2018）, 'Truth, Embodiment and Redlichkeit

(Probity) in Nietzsche', in Manuel Dries (ed.), *Nietzsche on Consciousness and the Embodied Mind*, Berlin: De Gruyter Verlag 2018, pp. 289 – 307.

Lovejoy, Arthur O., and George Boas (1997), *Primitivism and Related Ideas in Antiquity*, Baltimore: Johns Hopkins University Press.

Löwith, Karl (1933), 'Kierkegaard und Nietzsche', *Deutsche Vierteljahrsschrift für Literaturwissenschaft und Geistesgeschichte*, 11, pp. 43 – 66.

MacKenzie, Adrian (2006), *Transductions: Bodies and Machines at Speed*, London: Continuum.

Marder, Michael (2013), *Plant-Thinking: A Philosophy of Vegetal Life*, New York: Columbia University Press.

Maurer, Reinhart (1990), 'Der andere Nietzsche. Zur Kritik der moralischen Utopie', *Deutsche Zeitschrift für Philosophie*, 38: 11, pp. 1019 – 1026.

Meckel, Markus (1980), 'Der Weg Zarathustras als der Weg des Menschen, Zur Anthropologie Nietzsches im Kontext der Rede von Gott im "Zarathustra"', *Nietzsche-Studien*, 9, pp. 174 – 208.

Meinecke, Friedrich (1972), *Historism: The Rise of a New Historical Outlook*, New York: Herder & Herder.

Moles, John L. (1996), 'Cynic Cosmopolitanism', in R. Bracht Branham and Marie-Odile Goulet-Cazé (eds.), *The Cynics:*

The Cynic Movement in Antiquity and Its Legacy, Berkeley, Los Angeles and London: University of California Press, pp. 105 – 120.

Müller-Lauter, Wolfgang (1999), *Über Werden und Wille zur Macht: Nietzsche-Interpretationen I*, 3 vols, vol. 1, Berlin: De Gruyter.

Nancy, Jean-Luc (1990), '"Our Probity!", On Truth and Lie in the Moral Sense in Nietzsche', in Laurence A. Rickels (ed.), *Looking After Nietzsche*, Albany: State University of New York Press, pp. 67 – 87.

Navia, Luis E. (2005), *Diogenes the Cynic: The War against the World*, Amherst, MA: Humanity Books.

Nehamas, Alexander (1987), *Nietzsche: Life as Literature*, Cambridge, MA: Harvard University Press.

Nesbitt Oppel, Francis (2005), *Nietzsche on Gender: Beyond Man and Women*, Charlottesville: University of Virginia Press.

Niehus-Pröbsting, Heinrich (1988), *Der Kynismus des Diogenes und der Begriff des Zynismus*, Frankfurt: Suhrkamp.

Nietzsche, Friedrich (1968a), *The Antichrist*, trans. R. J. Hollingdale, London: Penguin Books.

Nietzsche, Friedrich (1968b), *Twilight of the Idols*, trans. R. J. Hollingdale, London: Penguin Books.

Nietzsche, Friedrich (1986), *Human, All Too Human*, trans. R. J. Hollingdale, Cambridge: Cambridge University Press.

Nietzsche, Friedrich (1988), *Sämtliche Werke*, Kritische Studienausgabe in 15 Bänden, ed. Giorgio Colli and Mazzino Montinari, Berlin: De Gruyter.

Nietzsche, Friedrich (1989), *Beyond Good and Evil: Prelude to a Philosophy of the Future*, trans. W. Kaufmann, New York: Vintage Books.

Nietzsche, Friedrich (1990), *Twilight of the Idols and Anti-Christ*, trans. R. J. Hollingdale, London: Penguin.

Nietzsche, Friedrich (1994), *On the Genealogy of Morals*, trans. C. Diethe, Cambridge: Cambridge University Press.

Nietzsche, Friedrich (1995), *Thus Spoke Zarathustra*, trans. W. Kaufmann, New York: Modern Library.

Nietzsche, Friedrich (1997a), *Daybreak*, trans. R, J. Hollingdale, Cambridge: Cambridge University Press.

Nietzsche, Friedrich (1997b), *Untimely Meditations*, trans. R. J. Hollingdale, Cambridge: Cambridge University Press.

Nietzsche, Friedrich (1997c), 'Homer's Contest', in Friedrich Nietzsche, *On the Genealogy of Morality*, trans. C. Diethe, Cambridge: Cambridge University Press, pp. 174 – 181.

Nietzsche, Friedrich (1999), *The Birth of Tragedy*, trans. R. Speirs, Cambridge: Cambridge University Press.

Nietzsche, Friedrich (2001), *The Gay Science*, trans. J. Nauckoff, Cambridge: Cambridge University Press.

197 Oliver, Kelly (1998), 'Women as Truth, in Nietzsche's Writing', in Kelly Oliver and Marilyn Pearsall (eds.), *Feminist Interpretations of Friedrich Nietzsche*, University Park: Pennsylvania State University Press, pp. 66 – 80.

Oliver, Kelly, and Marilyn Pearsall (eds.) (1998), *Feminist Interpretations of Friedrich Nietzsche*, University Park: Pennsylvania State University Press.

Orsucci, Andrea (1996), 'Orient-Okzident: Nietzsches Versuch einer Loslösung vom europäischen Weltbild', *Monographien und Texte Zur Nietzsche-Forschung*, Berlin and New York: De Gruyter.

Owen, David (1998), 'Nietzsche's Squandered Seductions: Feminism, the Body, and the Politics of Genealogy', in Kelly Oliver and Marilyn Pearsall (eds.), *Feminist Interpretations of Friedrich Nietzsche*, University Park: Pennsylvania State University Press, pp. 306 – 326.

Patterson, Orlando (2017), 'Revisiting Slavery, Property, and Social Death', in John Bodel and Walter Scheidel (eds.), *On Human Bondage: After Slavery and Social Death*, Chichester: Wiley & Sons, pp. 265 – 296.

Patton, Paul (2000), 'Nietzsche and the Problem of the Actor', in Alan D. Schrift (ed.), *Why Nietzsche Still?*, Berkeley: University of California Press, pp. 170 – 183.

Pieper, Annemarie (1990), '*Ein Seil geknüpft zwischen Tier und Übermensch*': *Philosophische Erläuterungen zu Nietzsches erstem 'Zarathustra'*, Stuttgart: Klett-Cotta.

Pieper, Annemarie (2012), 'Nietzsche und die Geschlechterfrage', in Renate Reschke (ed.), *Nietzscheforschung: Frauen: Ein Nietzschethema? -Nietzsche: Ein Frauenthema?: Jahrbuch der Nietzschegesellschaft: 19*, Berlin: De Gruyter, pp. 53 – 63.

Plessner, Helmuth (2003), *Die Stufen des Organischen und der Mensch. Einleitung in die philosophische Anthropologie*, Frankfurt: Suhrkamp Verlag.

Reschke, Renate (ed.) (2012), *Nietzscheforschung: Frauen: Ein Nietzschethema? – Nietzsche: Ein Frauenthema?: Jahrbuch der Nietzschegesellschaft: 19*, Berlin: De Gruyter.

Richardson, John (2009), *Nietzsche's New Darwinism*, Oxford: Oxford University Press.

Riedel, Wolfgang (1996), '*Homo Natura*': *Literarische Anthropologie um 1900. Quellen und Forschungen zur Literatur-und Kulturgeschichte*, Berlin and New York: De Gruyter.

Rogers, Susan Carol (1978), 'Women's Place: A Critique of Anthropological Theory', *Comparative Studies in Society and History*, 20: 1, pp. 123 – 162.

Rubin, Gayle (1975), 'The Traffic of Women: Notes on the Political Economy of Sex', in Rayna R. Reiter (ed.), *Towards an*

Anthropology of Women, New York: Monthly Review Press, pp. 157 – 210.

Sanford, Whitney, and Vandana Shiva (eds.) (2012), *Growing Stories from India: Religion and the Fate of Agriculture*, Lexington: University Press of Kentucky.

Santini, Carlotta (2020), 'Zwischen Geschichte und Gedächtnis. Aby Warburg, Jacob Burckhardt und Friedrich Nietzsche', in Anthony K. Jensen and Carlotta Santini (eds.), *The Re-encountered Shadow: Nietzsche on Memory and History*, New York and Berlin: De Gruyter.

Schacht, Richard (1995), *Making Sense of Nietzsche*, Urbana and Chicago: University of Illinois Press.

Schacht, Richard (2006), 'Nietzsche and Philosophical Anthropology', in Keith Ansell-Pearson (ed.), *A Companion to Nietzsche*, Malden, MA: Blackwell, pp. 115 – 132.

Schlossberger, Matthias (1998), 'Über Nietzsche und die Philosophische Anthropologie', *Nietzscheforschung*, 4, pp. 147 – 167.

Schotten, Heike C. (2018), 'Nietzsche and Emancipatory Politics: Queer Theory as Anti-Morality', *Critical Sociology*, 45: 2, pp. 213 – 226.

Schrift, Alan D. (2001), 'Rethinking the Subject: Or How One Becomes-Other Than What One Is', in Richard Schacht (ed.), *Nietzsche's Postmoralism: Essays on Nietzsche's Prelude to Philoso-*

phy's Future, Cambridge: Cambridge University Press, pp. 47 – 62.

Siemens, Herman (2015), 'Nietzsche's Conception of "Necessity" and Its Relation to "Laws of Nature"', in Vanessa Lemm (ed.), *Nietzsche and the Becoming of Life*, New York: Fordham University Press, pp. 82 – 104.

Skowron, Michael (2012), '"Schwanger geht die Menschheit" (*Nachgelassene Fragmente* 1882/1883): Friedrich Nietzsches Philosophie des Leides und der Zukunft', in Renate Reschke (ed.), *Nietzscheforschung: Frauen: Ein Nietzschethema? -Nietzsche: Ein Frauenthema?*: *Jahrbuch der Nietzschegesellschaft*: *19*, Berlin: De Gruyter, pp. 223 – 244.

Sloterdijk, Peter (1983), *Kritik der zynischen Vernuft*, Frankfurt: Suhrkamp.

Sloterdijk, Peter (1999), *Regeln für den Menschenpark*, *Ein Antwortschreiben zu Heideggers Brief über den Humanismus*, Frankfurt: Suhrkamp.

Sommer, Andreas Urs (2016), *Kommentar zu Nietzsches Jenseits von Gut und Böse*, Berlin and Boston: De Gruyter.

Stegmaier, Werner, and Andrea Bertino (2015), 'Nietzsches Anthropologiekritik', in Marc Rölli (ed.), *Fines Hominis?: Zur Geschichte der philosophischen Anthropolo-giekritik*, Bielefeld: Transcript Verlag, pp. 65 – 80.

Strauss, Leo (1983), *Studies in Platonic Political Philosophy*,

Chicago: University of Chicago Press.

Strauss, Leo (1995), *Philosophy and Law: Contributions to the Understanding of Maimonides and his Predecessors*, New York: State University of New York Press.

Strong, Tracy B. (2015), 'The Optics of Science, Art, and Life: How Tragedy Begins', in Vanessa Lemm (ed.), *Nietzsche and the Becoming of Life*, New York: Fordham University Press, pp. 19 – 31.

Thorgeirsdottir, Sigridur (2012), 'Baubô: Laughter, Eroticism and Science to Come', in Renate Reschke (ed.), *Nietzsche-forschung: Frauen: Ein Nietzschethema? -Nietzsche: Ein Frauenthema?: Jahrbuch der Nietzschegesellschaft: 19*, Berlin: De Gruyter, pp. 65 – 73.

Tirrell, Lynne (1998), 'Sexual Dualism and Women's Self-Creation: On the Advantages and Disadvantages of Reading Nietzsche for Feminists', in Kelly Oliver and Marilyn Pearsall (eds.), *Feminist Interpretations of Friedrich Nietzsche*, University Park: Pennsylvania State University Press, pp. 199 – 224.

Tocqueville, Alexis de (2003), *Democracy in America and Two Essays on America*, London: Penguin.

Tuncel, Yunus (ed.) (2017), *Nietzsche and Transhumanism: Precursor or Enemy*, Cambridge: Cambridge Scholars.

van Ingen, Michiel (2016), 'Beyond the Nature/Culture Divide? The Contradictions of Rosi Braidotti's *The Posthuman*', *Journal of Critical Realism*, 15: 5, pp. 530 – 542.

van Tongeren, Paul (2014), '"Nietzsches Redlichkeit." Das Siebte Hauptstück: "Unsere Tugenden"', in Marcus Andreas Born (ed.), *Friedrich Nietzsche-Jenseits von Gut und Böse*, Berlin and Boston: De Gruyter, pp. 147 – 166.

Vatter, Miguel (2015), *The Republic of the Living*, New York: Fordham University Press.

Visser, Gerard (1999), 'Nietzsches Übermensch. Die Notwendigkeit einer Neubesinnung auf die Frage nach dem Menschen', *Nietzsche-Studien*, 28, pp. 100 – 124.

White, Alan (2001), 'The Youngest Virtue', in Richard Schacht (ed.), *Nietzsche's Postmoralism: Essays on Nietzsche's Prelude to Philosophy's Future*, Cambridge: Cambridge University Press, pp. 63 – 78.

Whyte, Max (2008), 'The Uses and Abuses of Nietzsche in the Third Reich: Alfred Baeumler's "Heroic Realism"', *Journal of Contemporary History*, 43: 2, pp. 171 – 194.

Wolfe, Cary (2010), *What is Posthumanism?*, Minneapolis: University of Minnesota Press.

Wolfe, Cary (2013), *Before the Law: Humans and Other Animals in a Biopolitical Frame*, Chicago and London: University of Chicago Press.

200

Wotling, Patrick (1995), *Nietzsche et le problème de la civilisation*, Paris: Presses universitaires de France.

Wotling, Patrick (2008), *La philosophie de l'esprit libre: Introduction à Nietzsche*, Paris: Flammarion.

Young, Julian (2010), *Friedrich Nietzsche: A Philosophical Biography*, Cambridge: Cambridge University Press.

索　引

图书在版编目(CIP)数据

自然人：尼采、哲学人类学和生命政治学／（德）
瓦娜莎·列孟（Vanessa Lemm）著；李仙飞译 . --北京：
中国人民大学出版社，2023.5
ISBN 978-7-300-31601-7

Ⅰ.①自… Ⅱ.①瓦… ②李… Ⅲ.①尼采（
Nietzsche，Friedrich Wilhelm 1844－1900)–哲学思想–
研究 Ⅳ.①B516.47

中国国家版本馆 CIP 数据核字（2023）第 063038 号

自然人：尼采、哲学人类学和生命政治学
[德] 瓦娜莎·列孟（Vanessa Lemm） 著
李仙飞 译
Ziranren：Nicai、Zhexue Renleixue he Shengming Zhengzhixue

出版发行	中国人民大学出版社	
社　　址	北京中关村大街 31 号	**邮政编码**　100080
电　　话	010－62511242（总编室）	010－62511770（质管部）
	010－82501766（邮购部）	010－62514148（门市部）
	010－62515195（发行公司）	010－62515275（盗版举报）
网　　址	http://www.crup.com.cn	
经　　销	新华书店	
印　　刷	北京联兴盛业印刷股份有限公司	
开　　本	890 mm×1240 mm　1/32	**版　　次**　2023 年 5 月第 1 版
印　　张	7.75 插页 4	**印　　次**　2023 年 5 月第 1 次印刷
字　　数	162 000	**定　　价**　78.00 元